Markus Warode   Bernd Schmies   Thomas M. Schimmel (Hg.)

Fusionsprozesse in Orden, Kirche und Gesellschaft

- Erfahrungsberichte aus Orden und Kirche -

Spiritualität - Management - Forschung

herausgegeben von Thomas Dienberg, Markus Warode und Bernd Schmies
im Auftrag des Instituts für Kirche, Management und Spiritualität
und der Fachstelle Franziskanische Forschung

Band 2

Markus Warode   Bernd Schmies   Thomas M. Schimmel (Hg.)

Veränderungen als Chance begreifen

Fusionsprozesse in Orden, Kirche und Gesellschaft

2: Erfahrungsberichte aus Orden und Kirche

Bibliografische Information der Deutschen Nationalbibliothek (DNB)
Die DNB verzeichnet diese Publikation in der Deutschen Nationalbibliografie; detaillierte
bibliografische Daten sind im Internet abrufbar über http://dnb.ddb.de.

Herausgegeben vom Institut für Kirche, Management und Spiritualität
in Verbindung mit der Fachstelle Franziskanische Forschung
Redaktion: Fachstelle Franziskanische Forschung (FFF)
                  Überwasserkirchplatz 2, 48143 Münster

Satz: FFF (Münster)
Herstellung und Verlag: BoD - Books on Demand, Norderstedt

ISBN 978-3-8482-5924-3

Inhalt

„Spiritualität – Management – Forschung"

Fange nie an aufzuhören,
und höre nie auf anzufangen.
Marcus Tullius Cicero (106 – 43 v. Chr.)

Die Veränderungen in den Ordensgemeinschaften haben in den letzten Jahren eine ungeahnte Dynamik aufgenommen. Organisatorische Veränderungen wie Fusionen werden für viele Orden und Kongregationen aufgrund des demographischen Wandels und finanziellen Drucks zu einer konkreten Handlungsoption.

Der stetige Mitgliederrückgang und die daraus resultierende Überalterung der Gemeinschaften führt immer häufiger zu Schließungen von Klöstern, zu Zusammenschlüssen von Ordensprovinzen sowie zu Überführungen von karitativen Einrichtungen in Stiftungen. Diese Entwicklungen stellen die einzelnen Orden vor herausfordernde Entscheidungen. Es geht um die Zukunft der Orden und damit gleichzeitig um eine tragende Säule in der Mitte der Gesellschaft. Gerade Orden prägen die Sozialisierung von Gemeinden und Regionen spürbar mit.

Seelsorge, Unterstützung von kranken, alten und auch jungen Menschen, aber vor allem das aktive christliche Leben, eine lebendige christliche Spiritualität sind für die Gesellschaft eine formende Grundlage. Doch die veränderten Rahmenbedingungen sind real und fordern neue Denkansätze und Lösungswege, die aktuellen Herausforderungen zu bewältigen bzw. modern gesprochen zu managen.

Das Institut für Kirche, Management und Spiritualität (IKMS) an der Philosophisch-Theologischen Hochschule (PTH) Münster und die Fachstelle Franziskanische Forschung (FFF) haben sich mit dem im Oktober 2010 veranstalteten Symposium „Veränderung als Chance begreifen – Fusionsprozesse in Orden" in einem ersten Schritt aus wissenschaftlicher Perspektive mit den strukturellen und personellen Entwicklungen der Orden auseinandergesetzt.

Die interdisziplinäre Aufarbeitung und Einordnung von Veränderungs- und Fusionsprozessen in christlichen Orden stand dabei im Vordergrund.

Die übergeordnete Forschungsidee zielt indes darauf ab, die Situation der Orden aus unterschiedlichen Perspektiven zu beschreiben, zu analysieren sowie Entscheidungs- und Handlungsspielräume zu diskutieren.

Dazu hat die Forschungsgemeinschaft eine Schriftenreihe mit dem Titel „Spiritualität – Management – Forschung" konzipiert. Neben einem Rückblick auf die Inhalte des Symposiums gilt es eine Plattform für aktuelle Beiträge zur Gestaltung von Veränderungen aus theologischer, soziologischer, psychologischer, finanzwirtschaftlicher, arbeitswissenschaftlicher und praktischer Perspektive zu initialisieren.

Durch eine Kombination von theoretisch-reflektierten und praktischen Beiträgen, sollen vor allem Chancen und Potenziale für die Orden und die in ihnen wirkenden Menschen erforscht werden. Zudem setzt sich die Reihe in einer weiteren Ausrichtung zum Ziel, die vorhandenen Möglichkeiten und Erfahrungen der Orden für öffentliche, soziale und auch wirtschaftliche Organisationen transparent zu machen.

Der Titel der Schriftenreihe „Spiritualität – Management – Forschung" verweist einerseits auf die Arbeitsschwerpunkte beider Institutionen. Andererseits macht er auf die gesellschaftspolitische Relevanz und Brisanz des Themenfeldes aufmerksam.

Münster, im Januar 2012

Markus Warode, Thomas Dienberg, Bernd Schmies

Veränderungen als Chance begreifen.
Fusionsprozesse in Orden, Kirche und Gesellschaft: Erfahrungsberichte aus Orden und Kirche

In der christlichen Spiritualität ist die aktive und passive Auseinandersetzung mit Veränderungen oder Wandlungsprozessen eine historische Konstante. So spielt die Spiritualität gerade bei den dynamischen Veränderungen in der Ordenslandschaft und der Kirche eine besondere Rolle. Dabei ist es vor allem der Aspekt der Erfahrung, dem eine entscheidende Funktion zugeschrieben wird. Erfahrungen sind ein notwendiges Element, um Wandel auch nachhaltig erfolgreich zu gestalten. Nur durch praktische Erfahrungen können erfolgreiche Bewältigungsstrategien gefunden werden, um Problemfelder in einer ganzheitlichen Perspektive aufzulösen. Damit ist gemeint, dass Veränderungen nie nur an veränderten Strukturen, Prozessen oder Menschen festzumachen sind. Veränderungen können nur dann erfolgreich gestaltet werden, wenn die Wurzeln von Organisationen und Menschen weiter transparent sind und auch in der Veränderung die notwendige Orientierung bieten. Dazu begründet der wissenschaftliche und insbesondere christliche Auftrag Erfahrungen zu dokumentieren, um sowohl positive als auch negative Beispiele für andere nutzbar zu machen.

Aus diesem Grunde haben sich das Institut für Kirche, Management und Spiritualität (IKMS) sowie die Fachstelle Franziskanische Forschung (FFF) mit dem Forschungsthema „Veränderungen als Chance begreifen" auseinandergesetzt. Motiviert durch die im Jahre 2010 vollzogenen Fusionsprozesse des Deutschen Franziskaner- und Deutschen Kapuzinerordens ist noch in 2010 ein Symposium konzipiert worden. Das Ziel der Veranstaltung lag darin, Fusionen in Ordensgemeinschaften und im kirchlichen Bereich wissenschaftlich zu reflektieren und Impulse für eine bewusste, erfolgreiche Gestaltung von Veränderungen in Orden und Kirche zu erarbeiten.

Die interdisziplinäre Tagung führte wissenschaftstheoretische Beiträge mit praktischen Erfahrungsberichten zusammen. Dabei ist bereits in Band 1 dieser Reihe mit der wissenschaftlichen Diskussion theologisch-spiritueller Aspekte von Veränderung ein exklusiver Beitrag aus der Gesamtforschungsfrage dokumentiert worden. Um die Balance zwischen Theorie und Praxis aufrechtzuerhalten, werden in diesem Band die praktischen Erfahrungsberichte aus erfolgten Fusionen in Orden und Kirche vorgestellt. Dabei ist darauf hinzuweisen, dass der in diesem Band vorgestellte Sachverhalt die Erfahrungen aus dem Jahre 2010 skizziert und zur Grundlage weiterer Diskussionen erhebt. So sind die in diesem Band zusammengeführten Beiträge in drei grundlegende Bereiche unterteilt: Erfahrungen aus den Orden, Erfahrungen aus der Kirche und eine soziologische Einordnung. Gemein ist allen Beiträgen eine grundlegende Struktur von Orientierungspunkten, die die Vergleichbarkeit der einzelnen Beiträge möglich machen soll:

1. Ursachen, Ziele und Akteure der Veränderungen
2. Phasen der einzelnen strategischen Schritte im Prozess
3. Positive und negative Erfahrungen aus den Prozessen
4. Reflektion und Handlungsoptionen

Im ersten Teil dieses Bandes werden die gewonnen Erfahrungspotenziale von Fusionen und Veränderungen aus unterschiedlichen Ordensgemeinschaften vorgestellt. Dazu beschreibt der Provinzial der Deutschen Kapuzinerprovinz Pater Christophorus Goedereis den „Fusionsweg" zwischen der ehemals Bayerischen und Rheinisch-Westfälischen zur gemeinsamen Deutschen Kapuzinerprovinz und stellt dabei die spirituellen Herausforderungen der Vereinigung heraus. Thomas Schimmel – ehemaliger Geschäftsführender Sekretär des Deutschen Kooperationsrates der Deutschen Franziskaner – dokumentiert den herausfordernden Prozess der Fusion von ehemals vier Franziskanischen Provinzen zur Deutschen Franziskanerprovinz. Pater Steffen Brühl, Provinzökonom der Pallotiner in Friedberg, wählt für den Vereinigungsprozess zweier deutscher Pallotiner-Provinzen und der österreichischen Regio den Begriff der „Union" anstatt „Fusion" und verweist darauf wie wichtig der inhaltlich-spirituelle Dialog für die zukünftige Gestaltung der Veränderungsprozesse ist. Und Pater Thomas Eggensperger setzt seine empirischen Beobachtungen der Aufgabe von Häusern der Dominikanerprovinz Teutonia mit der Frage „Erinnern statt Vergessen, wenn Orden gehen" in Verbindung.

Im zweiten Teil konnte das Projekt ebenfalls vier Beiträge zu Veränderungsprozessen auf kirchlicher Ebene gewinnen. Domkapitular Bernhard Lücking, Stadtdechant von Duisburg, berichtet über den Fusionsprozess der Pfarrei Liebfrauen in Duisburg im Rahmen des radikalen Fusionsprozesses im Bistum Essen unter Bischof Genn. Jürgen Quante, Propst des Kreisdekanats Recklinghausen setzt sich bei seiner Beschreibung der Entstehung der erweiterten Pfarrgemeinde St. Peter auch mit der Frage des aktiven Gemeindelebens der ehemals selbstständigen Gemeinden auseinander. Pfarrer Martin Sinnhuber aus Münster berichtet ähnlich von seinen Erfahrungen der Fusion zur Pfarrgemeinde St. Mauritz in Münster. Abschließend skizziert Christopher Maaß, in seiner Funktion als Gemeindeentwickler im Erzbistum Berlin, die institutionellen Fusionsprozesse von Pfarrgemeinden in der Erzdiözese Berlin, wobei er u. a. den Auftrag einer neuen und effektiven Pastoral in den Blick nimmt.

Neben den vielfältigen Erfahrungsberichten aus der Praxis von Orden und Kirche mit ihren unterschiedlichen Akzentuierungen, untersucht Michael N. Ebertz in der soziologischen Zusammenführung das Spannungsfeld zwischen Fusionsprozessen als Problemlösung und Problem auf Basis der in diesem Band vorgestellten Beiträge. Im Rahmen dieser Gesamtbetrachtung setzt er sich kritisch mit dem nachhaltigen Erfolg aktueller Fusionsprozesse auseinander.

Um diesen zweiten Band zu realisieren ist der besondere Dank an alle Beteiligten auszusprechen. Im Besonderen ist den einzelnen Autoren zu danken, die im Nachgang des Symposiums und im stehenden Prozess der jeweiligen Veränderungen ihre Erfahrungen zur Verfügung gestellt haben. Ebenso ist den Mitarbeitern der herausgebenden Institute in ihren verschiedenen Funktionen zu danken ohne deren hohes Engagement das Gesamtprojekt nicht hätte gelingen können.

Münster, im Januar 2013

Markus Warode, Bernd Schmies, Thomas Schimmel

Erfahrungsberichte aus den Orden

Fusion der Bayerischen
und der Rheinisch-Westfälischen Kapuzinerprovinz
zur Deutschen Kapuzinerprovinz

Statement von P. Christophorus Goedereis,
Provinzialminister der Deutschen Kapuzinerprovinz

1. Skizzieren Sie kurz das Fusionsprojekt unter Berücksichtigung der Ursachen, Ziele und der beteiligten Akteure.

Die Entscheidung für die Fusion der Bayerischen Provinz und der Rheinisch-Westfälischen Provinz zu einer gemeinsamen Deutschen Provinz entwickelte sich bereits seit dem Jahr 2004. Im Zuge der Provinzkapitel[1] im Jahr 2004 entstanden erste konkrete Ideen über eine mögliche Provinzzusammenlegung. Dabei waren folgende Gründe maßgebend:

- Durch die sinkende Anzahl der Ordensbrüder und dem damit steigenden Durchschnittsalter hatte sich perspektivisch ein Handlungsbedarf entwickelt. Langfristig gesehen war klar, dass die Strukturen zu reduzieren seien und die Provinzen irgendwann zusammengeführt werden müssten.

- Ein entscheidender Aspekt ist hier wichtig gewesen. Der Fusionsprozess wurde zu einem Zeitpunkt eingeleitet, als es noch nicht unbedingt „sein musste". Folglich bestand kein akuter und dringender Handlungsbedarf, da noch genügend Personen und Energien vorhanden waren und sind, um eine solche komplexe und intensive Umstrukturierung fruchtbar aus eigener Kraft zu gestalten. Das Ziel war ein konzentriertes und zielgerichtetes Vorgehen, um einen langen, zähen und kraftraubenden Prozess zu vermeiden.

---

1 Provinzkapitel: Alle drei Jahre tagende parlamentarische Versammlung der Provinz.

- Im Kontext unserer Spiritualität als Kapuziner haben wir die Provinzzusammenlegung als Einladung zur inneren und äußeren Erneuerung gedeutet. In der Erneuerung sahen und sehen wir immer eine Chance für unsere stete Entwicklung und Existenz.

- Letztlich sind wir davon überzeugt, dass es unser Charisma insgesamt stärkt, wenn wir gemeinsam und nicht vereinzelt in zwei Provinzen die Zukunft der Kapuziner in Deutschland planen und gestalten.

Diese Überlegungen haben im Jahr 2007 auf den Provinzkapiteln beider Ordensprovinzen zu einer gleich lautenden Beschlussvorlage geführt, die mehrheitlich unterschrieben wurde:

„Ich stimme dafür, die Bayerische und die Rheinisch-Westfälische Kapuzinerprovinz möglichst bis zum Jahr 2010 zu einer Deutschen Kapuzinerprovinz zusammenzuführen, um das Kapuziner-Charisma in Deutschland lebendig zu halten. Die Provinzleitung ist beauftragt, gleich zu Beginn des Trienniums[2] Formen der verbindlichen Kooperation zu finden. Zur Hälfte des Trienniums möge ein gemeinsames Mattenkapitel[3] beider Provinzen stattfinden, auf dem die Zwischenergebnisse präsentiert und die weiteren Schritte in den Blick genommen werden. Darüber hinaus bittet das Provinzkapitel die beiden Provinzleitungen, konkrete Foren der Begegnung und des Kennenlernens zu schaffen sowie für eine größere Information zwischen den beiden Provinzen zu sorgen."[4]

---

2 Triennium: Die Zeit zwischen zwei Provinzkapiteln.
3 Treffen der Mitglieder einer oder mehrerer Ordensprovinz/en, an dem möglichst viele Ordensmitglieder teilnehmen sollten.
4 Kapitelsakten der Rheinisch-Westfälischen Kapuzinerprovinz.

2. Welche Phasen / Prozessschritte waren charakterisierend für den Fusionsprozess?

Die Provinzleitungen der beiden Provinzen haben nach Abschluss der beiden Provinzkapitel des Jahres 2007 umgehend mit der Vorbereitung der Provinzzusammenlegung begonnen. Der Weg dieser Vorbereitung mit seinen einzelnen Schritten und Instrumenten zwischen 2007 und 2010 wird im Folgenden anhand zentraler Oberbegriffe dargestellt.

Begegnungen

Die Zusammenführung der Brüder, also die Herstellung der inneren Einheit in der gemeinsamen Deutschen Provinz, war und ist eine der zentralen Baustellen im Vereinigungsprozess. Dazu gab es in den Jahren der Vorbereitung unterschiedliche Formen der Begegnung der Brüder. Es gab große Treffen, zu denen alle Brüder der beiden Ordensprovinzen eingeladen waren und kleinere Treffen, zu denen nur die Hausoberen und Ökonomen eingeladen wurden. Die Ziele dieser Treffen waren das persönliche Kennenlernen sowie die Erörterung von inhaltlichen und spirituellen Fragen. Hier wurden nicht zuletzt auch Strukturfragen einer zukünftigen Deutschen Kapuzinerprovinz diskutiert.

Leitungsebene

Neben den eher allgemeinen Treffen ist die enge Zusammenarbeit der Leitungsebene in der Vorbereitung herauszustellen. Zentral waren dabei die regelmäßigen Sitzungen bzw. Klausurtagungen der beiden Provinzleitungen. Das wesentliche Ziel der Leitungsebene bestand in der Abstimmung aller relevanten Entscheidungen der beiden Provinzleitungen untereinander. Dabei sind alle kirchenrechtlichen und zivilrechtlichen Schritte veranlasst worden. Als formales Organ des Fusionsprozesses ist darüber hinaus der Provinzrat als „Ständiger Rat" beider Provinzen gegründet worden, der die beiden Provinzleitungen auf breiter Ebene zu beraten und die Eckdaten der neuen Provinz zu konsolidieren hatte. Dem Provinzrat beigeordnet wurde ein externer Prozessbegleiter.

Projekte, Strukturen, Personalentscheidungen

Die Vorbereitung auf die Zusammenlegung der beiden Provinzen ist durch viele Teilprojekte gekennzeichnet gewesen, die sowohl auf strukturelle als auch auf personelle Fragestellungen Bezug genommen haben. Beispielhaft sind im Folgenden die wesentlichen Aspekte genannt.

- Bereits vor der offiziellen Provinzzusammenlegung sind die beiden Provinzverwaltungen mit Sitz in München sowie die beiden Provinzarchive zusammengeführt worden.

- Eine breit angelegte Unternehmensanalyse wurde durch einen externen Fachmann durchgeführt. Dabei sind in erster Linie die wirtschaftlichen Potenziale in den Blick genommen worden.

- Provinzübergreifende Personalentscheidungen und Versetzungen sind teilweise bereits vor der Provinzzusammenlegung realisiert worden.

- Zudem ist mit der Festlegung des Klosters in Würzburg für die Berufungspastoral ein erstes gemeinsames strategisches Projekt initiiert worden.

- Es kam zur Installierung verschiedener themenbezogener und interprovinziell besetzter Arbeitsgemeinschaften.

- Interne und externe Publikationen wie der Personalkatalog, ein gemeinsames Adressenverzeichnis und das liturgische Direktorium wurden gemeinsam herausgegeben; eine gemeinsame Homepage beider Provinzen wurde früh realisiert.

- Zum Abschluss des formalen Prozesses wurde ein Dossier mit allen wichtigen Informationen und ein Katalog von zukunftsweisenden Optionen für die neue gemeinsame Provinz erstellt.

Hürden während des Prozesses

Auch wenn mit der Initiierung des Vereinigungsprozesses der beiden Provinzen früh begonnen wurde, sind verschiedene Barrieren und Probleme aufgetreten. So kam aufgrund der unterschiedlichen Personalstärke in den Provinzen bisweilen die Angst einer „feindlichen Übernahme" auf. Hier ist deutlich geworden, dass es die Menschen sind, die die wesentliche Rolle bei derartigen Prozessen spielen. Die unterschiedlichen Mentalitäten und „Provinzkulturen" taten ihr Übriges, dass gewissen Entwicklungen eher skeptisch und zurückhaltend begegnet wurde. Die hohe Kräftebindung bei der Bearbeitung der sachlichen Fragen ließ grundsätzlich zu wenig Zeit für inhaltliche und spirituelle Themen, die gerade für die Existenz und das Zusammenleben der Brüder sehr bedeutsam sind.

3. Über welche positiven und negativen Erfahrungen können Sie berichten?

Die positiven Erfahrungen liegen eindeutig darin, dass sich die im Vorfeld angestellten Überlegungen für einen erfolgreichen Prozess als gut und zielführend erwiesen haben. Vor allem die Durchführung eines kurzen und konzentrierten Prozesses ist dabei herauszuheben. Der Provinzrat wurde zu einem bedeutenden Koordinator und Treiber für den Prozess. Aber auch zu einem Bremser, der berechtigte Bedenken äußerte. Der Versuch möglichst viele an möglichst vielen Stellen einzubinden hat sich gerade für die innere Einheit der Brüder als fruchtbar herausgestellt. Die gute und lange Vorbereitung hat sich positiv auf einen insgesamt recht reibungslosen Verlauf ausgewirkt.

Die negativen Erfahrungen sind eher als Entwicklungsfelder zu betrachten. Dass in einem so groß angelegten Prozess nicht alles glatt laufen beziehungsweise im Vorfeld bedacht werden kann, ist selbstverständlich. Dennoch gibt es einige Aspekte, die im Rückblick anders hätten gelöst werden können.

Zum einen ist aufgrund der hohen Zeit- und Kräftebindung durch Sachfragen zu wenig Zeit für inhaltliche Themen geblieben. Zwar wurde über geistliche Erneuerung viel gesprochen und diskutiert. Leider sind diesbezüglich jedoch keine klaren Ergebnisse festgehalten und Konsequenzen vereinbart worden.

Zum anderen hat man in Bezug auf die neue Provinzleitung zu wenig über die tatsächlichen Anforderungen und Handlungsfelder in einer größeren Provinz nachgedacht. Durch das Mehr an Personal, das Mehr an Niederlassungen, Strukturen und Themenstellungen sowie das Mehr an Gesprächen, Terminen und Kilometern ist das Belastungspotenzial vor allem in den ersten Monaten extrem gewesen.

4. Wie bewerten Sie bis dato den Fusionsprozess?

Der Schritt, die beiden Provinzen zu einer gesamtdeutschen zusammenzuführen, hat sich gelohnt und ist rückblickend als richtig zu beschreiben, auch vor dem Hintergrund, dass der Erfolg nicht in allen Bereichen zu greifen ist. Ein großer Gewinn sind die jeweils neu gewonnenen Mitbrüder mit ihren eigenen Lebensgeschichten und -erfahrungen. Dies stellt eine Bereicherung dar, die sich in neuen Dynamiken im täglichen Zusammenleben zeigt. Allerdings kann es sich jetzt auch nur um ein Zwischenfazit handeln, da viele Prozesse erst beginnen und die Zukunft prägen werden. Dazu möchte ich abschließend auf ein Gebet des hl. Augustinus verweisen:

„Du! Über alles bist Du der Feste und der Unbegreifliche, der Unwandelbare, der doch alles wandelt. Nie bist Du neu, nie bist Du alt und erneuerst doch alles. Immer bist Du der Wirkende, immer der Ruhende, bist der Erschaffende und Vollendende, bist Suchender, obgleich nichts Dir mangelt."[5]

Veränderung und Bewegung haben offensichtlich also auch etwas mit dem Geheimnis Gottes zu tun.

---

5   Bekenntnisse des hl. Augustinus, 1. Buch, 4. Kapitel.

Fusion der vier deutschen Franziskanerprovinzen zur Deutschen Franziskanerprovinz

Statement von Thomas M. Schimmel, Geschäftsführender Sekretär
des Kooperationsrates der Deutschen Franziskaner

1. Skizzieren Sie kurz das Fusionsprojekt unter Berücksichtigung der Ursachen, Ziele und der beteiligten Akteure.

Ursachen und Ziele

Die vier deutschen Franziskanerprovinzen (Bavaria, Colonia, Saxonia und Thuringia) entschlossen sich nach einer intensiven Phase der Kooperation – vor allem im Bereich der Ausbildung seit dem Jahr 1998 / 99 – im Jahr 2005 durch Beschluss der vier Provinzleitungen und im Jahr 2006 nach einer Befragung aller Brüder, bei der Generalleitung des Ordens in Rom eine Vereinigung der vier deutschen Provinzen zum 1. Juli 2010 zu einer Deutschen Franziskanerprovinz zu beantragen. Nach den positiven Erfahrungen mit der Kooperation im Bereich der Ausbildung der jungen Brüder war es Ziel der Vereinigung, die personellen Ressourcen der vier Provinzen effektiver zu nutzen, um die franziskanische Präsenz in Deutschland sichtbar und dauerhaft zu gestalten.

Akteure

Im Jahr 2002 / 2003 wurde von den vier Provinzen ein Kooperationsstatut erarbeitet, das die Kooperation der Provinzen regelte und die Einrichtung eines Kooperationsrates vorsah. Dieser trat im Jahr 2004 erstmalig zusammen und tagte bis zur Vereinigung durchschnittlich sechs Mal im Jahr. Er war das zentrale Steuerungsgremium: erst der engen Zusammenarbeit und später des Fusionsprozesses. Der Kooperationsrat bestand aus den vier Provinzialministern und den vier Provinzvikaren. Ihm beigeordnet war ein Geschäftsführender Sekretär. Dieses Amt versah bis 2007 ein Franziskaner und danach ein Laie.

Im Jahr 2007 beschloss der Kooperationsrat die Einrichtung von 15 interprovinziellen Kommissionen zu verschiedenen Themen und Bereichen der Kooperation, die den Kooperationsrat berieten und ihm zuarbeiteten. Auch die in den Statuten und Konstitutionen des Ordens vorgeschriebenen Provinzsekretariate wurden nicht mehr auf Provinzebene, sondern gemeinsam interprovinziell eingerichtet. Kommissionen und Sekretariate waren paritätisch mit durchschnittlich je zwei Mitgliedern pro Provinz besetzt.

Weiterer wichtiger Akteur war die Beratungsfirma Solidaris, die die Provinzen bei der zivilrechtlichen Vereinigung beriet und unterstützte.

2. Welche Phasen waren im Hinblick auf Planung / Strategieentwicklung, Durchführung / Verhandlungen, Integration / Implementation charakterisierend für den Fusionsprozess?

Phasen des Fusionsprozesses

1998/99 – 2004:
Intensivierung der Zusammenarbeit, vor allem im Bereich der Ausbildung junger Brüder;

2004 – 2007 Kooperationsphase:
Einführung eines Kooperationsstatutes und eines Kooperationsrates zur systematischen Weiterentwicklung und Durchführung der Kooperation zwischen den Provinzen;

2007 – 2010 Fusionsphase:
Verhandlungen über konkrete Schritte zur Kirchen- und zivilrechtlichen Vereinigung der vier deutschen Franziskanerprovinzen;

2010 Implementierung:
Einführung einer gemeinsamen Ökonomie zum 1. Januar 2010 und Vereinigung der Provinzen zur Deutschen Franziskanerprovinz von der hl. Elisabeth zum 1. Juli 2010

3. Über welche positiven und negativen Erfahrungen können Sie berichten?
Berücksichtigen Sie dabei personelle Widerstände sowie Promotoren und skizzieren
Sie evtl. getroffene Maßnahmen, die diesbezüglich durchgeführt wurden.

Bei der Befragung der Brüder durch die Provinzleitungen im Jahr 2006, an der rund
75 % der Brüder teilgenommen haben, haben 70 % der Brüder einer Vereinigung
zugestimmt und nur rund 5 % der Brüder explizit nein gesagt. Dieses Votum wurde
bei einer Umfrage im Jahr 2010 bestätigt, an der 58 % der Brüder teilnahmen: 55 %
der Brüder befürworteten dabei die Vereinigung und 1% der Brüder lehnten sie ab.
Nimmt man an, dass diese Umfrage repräsentativ ist, was die Menge der Teilnehmer
und ihre Altersstruktur zulässt, gab es im Jahr der Vereinigung hochgerechnet unter
den Brüdern eine Zustimmung von 95 %.

Durch die institutionelle Struktur des Vereinigungsprozesses begegneten sich die
vier Provinzen mit Einführung des Kooperationsstatuts und des Kooperationsrates
bei Beratungen und Verhandlungen auf einer Augenhöhe: Trotz unterschiedlicher
personeller Größe und Finanzkraft hatten alle vier Provinzen die gleiche Anzahl von
Stimmen und das gleiche Veto-Recht in den Gremien. Durch Einbindung paritätisch
besetzter Kommissionen waren über 100 Brüder, also fast 25 % der „braunen Franziskaner" in Deutschland an den Prozessen, die zur Vereinigung führten, beteiligt.
In der Folge gaben bei der Umfrage 2010 auch 69 % der Befragten an, dass sie sich
am Vereinigungsprozess beteiligt fühlten.

Durch eine offensive Informationspolitik bemühten sich die Provinzleitungen,
die Brüder über den Fortschritt des Vereinigungsprozesses zu informieren. Mit
Rundbriefen nach den Sitzungen des Kooperationsrates, Internetauftritten und regelmäßigen Informationen in den vier monatlich erschienenen Provinzmitteilungen,
die im Jahr 2008 zusammengelegt und als gemeinsame Mitteilungen der vier deutschen Provinzen herausgegeben wurden, sowie gemeinsamen Veranstaltungen, auf
denen regelmäßig Berichte über den Prozess abgeben wurden, erreichte man, dass
sich 86 % der Brüder sehr gut bzw. gut über den Fusionsprozess informiert fühlten.

Nach Einführung des Kooperationsstatutes kam es immer häufiger vor, dass
Brüder provinzüberschreitend versetzt wurden. Der Kooperationsrat und die Kommissionen tagten an verschiedenen Orten, so dass die Brüder Klöster und Mitbrüder
der anderen Provinzen kennenlernten und Fremdheit abgebaut wurde: In 25 der ca.
45 deutschen Konventen tagten in den Jahren 2007 bis 2010 Gremien der Kooperation. Die Teilnehmer nahmen dabei auch an den Gebetszeiten, Mahlzeiten und
Rekreationen der Konvente teil.

Negativ wirkte sich vor allem in der Schlussphase des Fusionsprozesses aus, dass der Kooperationsrat kein wirkliches Entscheidungsgremium war. Wichtige Beschlüsse konnten nicht getroffen werden, weil man der neuen Provinzleitung nicht vorgreifen wollte. Hier stellte sich in einigen Bereichen der „lame-duck"-Effekt ein.

4. Wie bewerten Sie bis dato den Fusionsprozess? Welche Chancen und Handlungsfelder haben sich dadurch ergeben?

Für eine abschließende Bewertung ist es noch bei weitem zu früh, da die neue Provinzleitung eben erst installiert und die Umsetzung der Versetzungsbeschlüsse und Wahlen noch nicht abgeschlossen ist. Ein positives Zeichen ist aber, dass die Hälfte aller Versetzungen nach dem ersten Provinzkapitel im Juli 2010 die alten Provinzgrenzen nicht mehr berücksichtigen und sich sehr viele Brüder darauf eingelassen haben, in andere Regionen zu wechseln.

Union der zwei deutschen Pallottiner-Provinzen und der österreichischen Regio zur Herz-Jesu-Provinz der Pallottiner

Statement von Pater Steffen Brühl SAC,
Provinzökonom der Pallottiner in Friedberg

1. Skizzieren Sie kurz das Fusionsprojekt unter Berücksichtigung der Ursachen, Ziele und der beteiligten Akteure.

Der heilige Vinzenz Pallotti (1795–1850) gab seiner 1846 gegründeten Gemeinschaft als spirituelle Herausforderung mit, den Glauben und die Liebe unter den Menschen (neu) zu entzünden. Er war getrieben von der Überzeugung, dass alle Getauften dazu berufen sind, Apostel (Botschafter des Evangeliums) zu sein. Die Arbeitsschwerpunkte der Pallottiner in Deutschland und Österreich liegen heute in der Erwachsenenbildung, der Kinder- und Jugendarbeit, der universitären und schulischen Lehre, der Pfarrpastoral, Exerzitien- und Begleitungsarbeit, der kategorialen Seelsorge sowie der Unterstützung der Entwicklungs- und Missionsarbeit, vor allem in Indien, Afrika und Südamerika.

Heute zählt die „Gesellschaft des Katholischen Apostolats" (Societas Apostolatus Catholici, SAC), wie die Pallottiner offiziell heißen, weltweit rund 2.500 Mitglieder. Kirchenrechtlich ist die SAC als Gesellschaft apostolischen Lebens verfasst.

In Deutschland und Österreich gab es bis 2007 zwei Provinzen und eine Regio mit rund 400 Mitgliedern. Am 22. Januar 2007, dem Festtag Vinzenz Pallottis, wurden durch Dekret der zuständigen kirchlichen Autorität, des Generalrektors der Pallotiner in Rom, die Norddeutsche Provinz, die Süddeutsche Provinz und die Österreichische Regio zur Herz-Jesu-Provinz der Pallottiner vereinigt. Die Herz-Jesu-Provinz mit Sitz in Friedberg/Bayern besitzt die Eigenschaften einer Körperschaft des öffentlichen Rechts.

Bereits in den 1990 er Jahren wuchs aufgrund der sich abzeichnenden schwierigen personellen Situation in allen drei damaligen Einheiten die Einsicht, dass es nur eine gemeinsame Zukunft geben könne. Durchschnittlich konnten alle drei Einheiten zusammen rund drei Kandidaten für die zweijährige Einführungszeit pro Jahr verzeichnen, aber 15 Sterbefälle und rechnerisch 0,4 Austritte. Das Durchschnittsalter stieg auf 66 Lebensjahre.

Mit der personellen Situation entwickelte sich auch die wirtschaftliche Lage zunehmend kritischer. Hinzu traten Probleme wie die kontinuierlich sinkende Mitgliederzahl, die inadäquate Nutzung der mit viel Kapitaleinsatz zu unterhaltenden Immobilien sowie die generell rückläufige Einnahmesituation. So wurde bereits in den 1990er – in den Leitungen noch zaghaft, unter den Mitbrüdern aber durchaus lebhaft – über einen möglichen Zusammenschluss nachgedacht.

Dieser Zusammenschluss wurde später als „Union" bezeichnet, da dieser Begriff das gleichwertige Zusammengehen besser hervorhebt, als der sonst übliche Begriff „Fusion", der zu sehr das Aufgehen der einzelnen Einheiten in den Vordergrund stellt.

Als Ziel der Union wurde von den drei Einheiten formuliert:

> „Ziel ist, die Präsenz der Pallottiner und des pallottinischen Charismas in Deutschland und Österreich durch den Zusammenschluss der drei Einheiten lebendig zu halten und die dadurch entstehenden personellen und finanziellen Synergien zu nutzen."

Die Akteure des Unionsprozesses waren:

- die Mitbrüder der drei Einheiten;

- die Provinz- bzw. Regionalversammlungen (Delegiertenversammlung als oberstes beschließendes Gremium einer Provinz bzw. Regio);

- die Provinz- bzw. Regionalleitungen (Provinziale, Regional, die Räte und die Ökonomen);

- die Generalleitung in Rom;

- verschiedene Mitarbeiterinnen und Mitarbeiter der Provinzen und der Regio;

- verschiedene Beraterinnen und Berater.

Für den Unionsprozess formierten sich folgende, regelmäßig tagende Gremien:

- das interprovinzielle Leitungstreffen (alle drei Leitungen komplett);

- die Provinzialenkonferenz (die beiden Provinziale mit ihren Vizeprovinzialen, der Regional mit seinem Stellvertreter und ein Vertreter der Provinzökonomen);

- die Provinzökonomenkonferenz (die beiden Provinzökonomen und der Regionalökonom).

2. Welche Phasen / Prozessschritte waren charakterisierend für den Fusionsprozess?

Es lassen sich vier Phasen zur Union benennen:

1. Bewusstseinsbildung;
2. Entscheidungsfindung;
3. Vollzug;
4. andauernde Umsetzung (Zusammenwachsen).

ad 1) Bewusstseinsbildung

Seit zwei Jahrzehnten ist das Zusammengehen – zumindest der zwei deutschen Provinzen – unter den Mitbrüdern ein immer wieder diskutiertes Thema. In dieser Zeit wuchs die Einsicht, dass die Union nötig sei. Geschwindigkeit bekam der Prozess, als der damalige Provinzial der süddeutschen Provinz im Jahr 2004 zum Generalrektor in Rom gewählt wurde.

ad 2) Entscheidungsfindung

Ab 2005 wurden die oben genannten Unionsgremien mit regelmäßigen Sitzungen gebildet. 2006 stimmten die Provinz (Regional-)versammlungen je einzeln über einen Zusammenschluss ab. Das Ergebnis war mit großer Mehrheit positiv.

Ebenfalls 2006 erließ der Generalrektor auf Bitten der drei Einheiten ein Dekret, das als Tag der Union den 22. Januar 2007 festlegte. Es folgte im Spätjahr 2006 die Wahl der neuen gemeinsamen Provinzleitung. Das Wahlrecht der Pallottiner sieht vor, dass der Provinzial und die Provinzräte in geheimer Wahl unmittelbar von jedem Mitbruder mit ‚Weihe auf Lebenszeit' (vergleichbar der ewigen bzw. feierlichen Profess, mit der sich Ordensmitglieder für immer an den Orden binden) gewählt und vom Generalrat bestätigt werden. Da es sinnvoll erschien, die fünf Mitglieder der Provinzleitung nach dem Modus zwei aus der ehemaligen Nordprovinz, zwei aus der ehemaligen Südprovinz und einen aus der ehemaligen Regio zu besetzen, musste beim Apostolischen Stuhl eine Ausnahmegenehmigung beantragt werden, die gewährt wurde – wenn auch nur einmalig.

ad 3) Vollzug

Spätestens mit der Einsetzung der unionsvorbereitenden Gremien gab es keine wirklich einflussreichen Diskussionen mehr, die den Zusammenschluss grundsätzlich in Frage stellten. Das Engagement fokussierte sich nun auf den Vollzug der Union sowie auf die Klärung praktischer Fragestellungen.

Die Provinzialekonferenz und das interprovinzielle Leitungstreffen beschäftigten sich mit Fragen, wie

- Wo soll der zukünftige Sitz der Provinz sein? (Bayern war aufgrund des Status als Körperschaft des öffentlichen Rechts gesetzt, nur der konkrete Ort wurde engagiert diskutiert, die Entscheidung fiel auf Friedberg);

- Wo sollten welche Provinzeinrichtungen angesiedelt werden? (Am Ende bekam jede der ehemaligen Einheiten eine Ausbildungsstätte: Salzburg Noviziat, Vallendar Studium, Friedberg Pastoralausbildung; das Provinzarchiv kam nach Limburg; die Entscheidung über den Sitz des Referats Öffentlichkeitsarbeit und den Sitz der Zeitschriftenredaktion sowie die zentrale Wohltäterbetreuung wurde vertagt);

- Welche inhaltlichen Schwerpunkte hat die gemeinsame Provinz? (Hierunter wurden Fragen diskutiert wie „Welche Apostolatsfelder sind zukunftsfähig?", „Wie können unsere Kommunitäten neu strukturiert werden?", „Welche Niederlassungen und Werke müssen wahrscheinlich aufgegeben werden?").

Die Provinzökonomenkonferenz hatte u. a. folgende Themen zu bearbeiten:

- Rechtlicher Vollzug der Union (auf kirchenrechtlicher und besonders auf zivilrechtlicher Ebene);

- Ausgliederung aller größeren Werke in Kapitalgesellschaften mit beschränkter Haftung (Schulen, Hochschule, Jugendbildungsstätte, Gästehäuser, Verlag, Pilgerbüro, Liegenschaftsverwaltung, Jugendhilfe et cetera);

- Neustrukturierung der Provinzverwaltung (die Herausforderung war, aus bisher drei Verwaltungen eine zu machen, von drei Standorten sich auf einen – Augsburg – zu konzentrieren, von drei sehr unterschiedlichen Systemen auf ein System zu kommen);

- Begleitung der Mitarbeiter (dies betraf zum einen die Umstrukturierung der Arbeitsplätze, aber vor allem eine Bewusstseinsbildung bei den Mitarbeitern, die bisher auch in den drei jeweiligen Einheiten dachten und handelten).

ad 4) Andauernde Umsetzung (Zusammenwachsen)

Der Unionsprozess ist rechtlich abgeschlossen. Aus den drei Einheiten in Deutschland und Österreich ist eine gemeinsame Herz-Jesu-Provinz der Pallottiner geworden. Der Zusammenschluss ist auch in den Köpfen der Mitbrüder abgeschlossen und wird im Grunde nicht in Frage gestellt, dennoch ist die Union noch nicht im Herzen eines jeden Mitbruders angekommen. Auch wenn alle rechtlichen Bedingungen vollzogen sind, ist das tatsächliche Zusammenwachsen ein täglich andauernder Prozess.

Regelmäßig tauchen Fragen auf, die in den ehemaligen Einheiten je unterschiedlich beantwortet worden wären. Der Mensch liebt die Kontinuität, er hat eine grundsätzliche Abneigung gegen Veränderung. Ein Unionsprozess erfordert viele, ganz tiefgreifende Veränderungen. Daher war es auch nicht verwunderlich, dass es bei den Mitbrüdern und auch den Mitarbeitern gerade bei den praktischen Fragen der Umsetzung zu Unzufriedenheiten und auch Widerständen kam.

Nach dem Vollzug der Union wurde durch die Provinzversammlung eine Kommission zur Beratung der Provinzleitung eingesetzt, welche die Aufgabe erhielt, jede Kommunität, jede Niederlassung, jedes Werk unter drei Aspekten zu analysieren:

a) apostolische Sinnhaftigkeit;
b) personelle Möglichkeit;
c) Finanzierbarkeit.

Diese Kommission erarbeitete einen umfangreichen Abschlussbericht, der bis heute Handlungsgrundlage der Provinzleitung in der Umgestaltung der Provinz bildet.

2010 wurde sodann eine Initiativgruppe „Spirituelle Erneuerung" eingesetzt. Dies war die Reaktion der Provinzversammlung auf den erkannten Mangel, dass der Unionsprozess den Fokus (zu) sehr auf den verwaltungsmäßigen und finanziellen Aspekt und zu wenig auf die inhaltlich, theologisch-spirituelle Perspektive gelegt hat. Nun sollten auch die spirituellen Grundlagen genauer angeschaut und gemeinsam mit den Mitbrüdern neue Initiativen zur spirituellen Erneuerung erarbeitet werden.

3. Über welche positiven und negativen Erfahrungen können Sie berichten? Berücksichtigen Sie dabei personelle Widerstände sowie Promotoren und skizzieren Sie evtl. getroffene Maßnahmen, die diesbezüglich durchgeführt wurden.

Die große positive Erfahrung war, dass die drei Leitungen von Anfang des offiziellen Unionsprozesses an, in hervorragender Weise mitbrüderlich zusammenarbeiteten. Ein Großteil der Mitbrüder kannte sich bereits, da seit 40 Jahren die Ausbildung der drei Einheiten (Noviziat, Studium, Pastoralausbildung) gemeinsam geschieht.

Negativ ist zu bemerken, dass der tatsächliche Unionsprozess, der von den ersten offiziellen Schritten bis zum Vollzug nur zwei Jahre dauerte, in einem rasenden Tempo umgesetzt wurde. Die hohe Geschwindigkeit behinderte zum Teil eine wirklich intensive Auseinandersetzung – gerade mit einer größeren Anzahl von Mitbrüdern. Auch die tiefere Beteiligung von Mitbrüdern in Schlüsselpositionen war nicht immer im wünschenswerten Maß möglich.

Eine Schwierigkeit wurde durch ein vorherrschendes Vorurteil ausgelöst, welches darin bestand, dass die Nordprovinz angeblich zentralistisch, die Südprovinz angeblich dezentral organisiert gewesen sei. Dies führte dazu, dass vereinzelt Entscheidungen dem einen oder anderen Organisationsstil zugerechnet und abgelehnt wurden. Dieses Vorurteil herrscht bei manchen Mitbrüdern und auch Mitarbeitern bis heute vor und wird politisch eingesetzt. Wie bereits erwähnt, wurde der Unionsprozess eher als eine organisatorische und nicht auch als eine spirituelle Herausforderung gesehen. Diese Sichtweise trifft sowohl auf die Mitbrüder in den Leitungen als auch auf die anderen Mitbrüder zu. Die klassischen Barrieren traten erwartungsgemäß auch bei den Mitbrüdern und Mitarbeitern auf:

Nicht wissen (es wurde über eine Intransparenz in der Entscheidungsfindung geklagt, dass die Mitbrüder nicht ausreichend informiert seien, wurde häufig bemängelt);

Nicht wollen (die Motivation zur Veränderung war nicht überall gegeben. Es gab durchaus Ängste, das gewohnte Umfeld zu verlieren, was ebenfalls zu einer innerlichen Verweigerung gegenüber dem Prozess führte);

Nicht können (auch wenn genügend Informationen vorlagen und zudem grundsätzlich eine Motivation vorhanden war, konnte eine Kooperation im Unionsprozess am hohen Alter, unzureichender Kompetenz und anderen persönlichen Grenzen scheitern).

Um den Widerständen und negativen Erfahrungen begegnen zu können, wurden regelmäßig begleitete Veranstaltungen angeboten: allgemeine und thematische Zukunftswerkstätten, Treffen jüngerer Pallottiner unter 50, gemeinsame Rektorenkonferenz der Kommunitätsleiter, offene Tage et cetera.

4. Wie bewerten Sie bis dato den Fusionsprozess? Welche Chancen und Handlungsfelder haben sich dadurch ergeben?

Der Zusammenschluss der drei pallottinischen Einheiten in Deutschland und Österreich war die notwendige Antwort auf die drängenden Fragen, denen sich die Mitbrüder zunehmend stellen mussten. Der tatsächliche Zusammenschluss ist grundsätzlich gut gelungen. In der Phase der Vorbereitung und Umsetzung gab es vergleichsweise wenig Widerstände zu überwinden. Jedoch begann die Umsetzung der schmerzlichen Konsequenzen (wie z.B. Schließung von Niederlassungen) erst nach der Union. Inzwischen ist der Widerstand gegen solche Entscheidungen durch die Betroffenen spürbar gestiegen. Umso wichtiger ist, dass die Auseinandersetzung mit den sich aus der Union ergebenden Konsequenzen auf einer inhaltlich-spirituellen Ebene mit den Mitbrüdern und Mitarbeitern fortgesetzt wird.

Erinnern statt Vergessen, wenn Orden gehen. Empirische Beobachtungen am Beispiel der Dominikanerprovinz Teutonia

Thomas Eggensperger OP

Was bleibt, wenn Orden gehen? – Über dieses Thema lässt sich trefflich diskutieren und auch spekulieren. Obwohl diese Frage naheliegt, wenn man beispielsweise über Schließungen von Klöstern nachdenkt, spielt sie bei den Entscheidungsfindungen de facto eine untergeordnete Rolle. Gefragt wird bei entsprechenden Planungen zumeist: „Was passiert, wenn Orden kommen?", oder zumindest: „Was hat man davon, wenn eine Ordensgemeinschaft bleibt?" Letzteres wird zum Thema, wenn eine Auflösung ernsthaft diskutiert wird oder gar entschieden wurde. Vermutlich ist jeder Provinzial schon einmal mit Unterschriftenlisten oder auch mit Besuchen von Delegationen von Freunden und Gemeindemitgliedern der Klöster konfrontiert worden, die deutlich machen, wie wichtig es ist, dass ein Kloster erhalten bleibt, oder auch, wie schön und fruchtbar es sei, wenn eine neue Gemeinschaft sich tatsächlich auch ansiedeln würde. Erfahrungsgemäß werden neue Ansiedlungen grundsätzlich wohlwollend aufgenommen, kritische Fragen stellen sich in der Regel nur bei charismatisch respektive hyper-katholisch determinierten Gemeinschaften, die dem Umfeld der „Neuen Geistlichen Bewegungen" zuzurechnen sind.

Zur methodischen Herangehensweise

Die Frage allerdings, was tatsächlich passiert, wenn eine Ordensgemeinschaft definitiv weggegangen ist und im wahrsten Sinne des Wortes Gras über die Sache gewachsen ist, wird kaum noch gestellt. Warum eigentlich auch? Es scheint, als ob sich der Fall erledigt hat, wenn man den Weggang – meistens nach längerem Ringen – definitiv abgeschlossen hat. In dieser Hinsicht ist es durchaus spannend, empirisch zu untersuchen: Was eigentlich bleibt – jenseits theologischer oder kulturwissenschaftlicher Spekulation – wenn Orden gehen?

Im Folgenden sollen zunächst deshalb eine Reihe von Dominikanerkonventen der norddeutschen Ordensprovinz „Teutonia" präsentiert werden, die in den letzten

Jahrzehnten aufgelöst wurden. Anhand von sechs sehr unterschiedlich gelagerten Beispielen soll skizziert werden,

> a) welche Tradition hinter dem jeweiligen Konvent oder Haus stand;
> b) welche Stellung es innerhalb der Provinz und in der entsprechenden Stadt hatte;
> c) warum der Konvent respektive das Haus aufgelöst wurde und – last but not least – ;
> d) welche Folgen die Entscheidung zur Auflösung zeitigte und was inzwischen daraus geworden ist.

Im Anschluss ist dann zu fragen, was eigentlich bleibt, wenn solche Gemeinschaften an den angestammten Orten von der Bildfläche verschwinden.

Beispiele

1. Dominikanerkonvent Meckinghoven

a) Das Kloster in Datteln-Meckinghoven war eine Gründung (1899) im Zuge der Wiedererrichtung der Ordensprovinz nach der Säkularisation. Die Hoffnung, dass der kleine Ort am Rande des Ruhrgebietes eine zentrale Rolle in der Entwicklung der weiteren Industrialisierung spielen würde, erfüllte sich nicht. So wurde der Konvent 1966 wieder aufgegeben. Allerdings verblieb ein Dominikaner-Pfarrer noch Jahrzehnte lang vor Ort.

b) Innerhalb der Provinz hatte Meckinghoven keine herausragende Stellung und die Auflösung wurde mehrheitlich nicht bedauert. Die Aufhebung ist in der Provinz heute kein Thema mehr. In der Stadt hatte das Kloster einen guten Ruf und die Arbeit in der Pfarrgemeinde wurde scheinbar allgemein goutiert.

c) Der Konvent wurde im Wesentlichen aufgelöst, weil Meckinghoven auf absehbare Zeit nicht als zentraler Ort des in andere Richtungen wachsenden Ruhrgebietes gelten würde.

d) Der Konvent blieb noch geraume Zeit in Person des Pfarrers in dominikanischer Hand, der die Pfarrkirche St. Dominikus bis zu seiner Pensionierung betreute (und sogar zwei Pfarrmitglieder motivierte, in den Orden einzutreten).

Hinsichtlich der Erinnerung an die dominikanische Präsenz gibt es eine interessante Variante. Kürzlich wurde – u. a. seitens eines Ordensmitglieds, der in dieser Pfarrgemeinde aufgewachsen ist – eine Stiftung gegründet, die es sich zur Aufgabe gemacht hat, nicht nur an die dominikanische Tradition zu erinnern, sondern auch in Zusammenarbeit mit den Dominikanern Projekte zu unterstützen, die den Orden und seine Verbindung zu Meckinghoven betreffen. Über die praktische Umsetzung lässt sich noch nichts sagen, weil die Stiftung erst vor einigen Monaten ins Leben gerufen wurde.

2. Domus in Bremen

a) Obgleich die Dominikaner in der Stadt Bremen bereits kurz nach dem Tod des Ordensstifters begannen (1225) und bis zur Reformation blieben (1528), wagte man erst 1966 einen Neuanfang als kleinere Gemeinschaft (nach einem Intermezzo in der Pfarrei St. Hedwig) im Umfeld der Pfarrei St. Ursula.

b) Die Gemeinschaft hatte innerhalb der Provinz den Ruf, eine moderne und aufgeschlossene Kommunität zu sein, die sich mit den aktuellen Fragen der Zeit auseinandersetzte (u.a. Offene Tür, Radio- und Fernseharbeit). Allerdings existierten auch für die 1980er Jahre typischen Konflikte (Weltanschauung, Lebensstil) und eine klare Dominanz der Pfarrei gegenüber dem Kloster hinsichtlich der Außenwahrnehmung. In der Diaspora-Stadt Bremen waren die Dominikaner bekannt und gut etabliert.

c) Der Auflösung des Hauses im Jahr 1988 ging eine Art Implosion voraus, da mehrere Brüder nach erheblichen Reibereien den Orden verließen. Von daher diente es allen Seiten am meisten, das Haus formell aufzulösen, aber die Pfarrei durch den bereits etablierten Pfarrer bis zu dessen Pensionierung weiter zu führen. Da die verbliebenen Brüder allesamt sehr aktiv waren, galt deren Versetzung als Bereicherung für die nachfolgenden Assignationskonvente.

d) Die Reaktionen nach Bekanntwerden der Auflösung waren wie erwartet, aber sie waren nicht auffallend. Dies hatte u.a. damit zu tun, dass einer der Brüder weiterhin Pfarrer blieb; damit waren die Dominikaner weiterhin präsent. Es war also ein Weggang in Etappen. Nach der Pensionierung des Pfarrers allerdings zeigte sich, dass das Bild der Gemeinschaft doch eher als eine Pfarrei mit angehängter Ordensgemeinschaft geprägt war.

3. Dominikanerkonvent Warburg

a) Das in Ostwestfalen gelegene Dominikanerkloster in Warburg hat eine sehr alte Tradition. Bereits 1281 hatten sich die Brüder dort eingefunden, bald darauf auf einem Hügel der Stadt niedergelassen und unter anderem eine Klosterschule errichtet. Im Umfeld der Säkularisation wurden Kloster und Schule aufgehoben und die Dominikaner kehrten Ende des 19. Jahrhunderts wieder in die Stadt zurück, um an einem anderen Ort als bisher ein neues, ziemlich großes Kloster zu bauen, das von Anfang an als Noviziatshaus der Provinz bestimmt war.[1] Im Jahr 1993 wurde das Kloster aufgelöst und das Haus an die syrisch-orthodoxe Kirchengemeinde verkauft. Vertraglich wurden bestimmte Auflagen hinsichtlich der Betreuung des Dominikanerfriedhofs gemacht.

b) Innerhalb der Provinz hatte das Haus eine recht emotionale Bedeutung. Der Standort ist ein kleiner, recht malerischer Ort, der seine große Zeit hatte (nämlich als Hanse-Stadt im Mittelalter). Der Neubau wurde primär dazu errichtet, die Noviziatsausbildung zu garantieren mit der im ausgehenden 19. Jahrhundert üblichen Vorstellung, wie eine solche auszusehen habe. Deswegen galt der Konvent immer als vergleichsweise „monastisch". Er hatte einen gewissen ländlichen Charakter aufgrund der relativ großen Ackerfläche. Zur Zeit der Auflösung verhielt es sich so, dass praktisch jeder lebende deutsche Bruder zumindest sein Noviziatsjahr dort verbracht hatte und von daher es für viele schmerzlich war, die Auflösung erleben zu müssen, nicht zuletzt für die dort assignierten Brüder selbst. Die katholische Stadt Warburg fühlte sich dem Kloster sehr eng verbunden und die Konventsgemeinschaft war bekannt aufgrund ihrer Seelsorge und Aushilfstätigkeiten im Umland.

c) Der Entscheidung zur Auflösung ging eine Abstimmung voraus, in der gegen einen anderen Konvent abgewogen wurde. Letztentscheidend für das Abstimmungsergebnis dürfte gewesen sein, dass es schlicht keine Brüder gab, die freiwillig nach Warburg gegangen wären. Die verbliebenen Brüder waren größtenteils schon sehr alt und sie haben den Wegzug und ihre Assignation in andere Konvente mit Würde getragen.

d) Die Freunde und Nachbarn des Konvents bedauerten natürlich die Auflösung, das Erzbistum zeigte sich auffallend desinteressiert an den Überlegungen zur Auflösung und an der Entscheidung und beließ es bei einem kurzen Brief mit dem Ausdruck des Respekts vor der Entscheidung. Das Haus gehört immer noch der

---

1 Das ehemalige Kloster aus dem Mittelalter steht heute noch und ist städtisches Gymnasium.

syrisch-orthodoxen Kirche und ist nicht nur Kloster, sondern auch Sitz des Erzbischofs. Zudem existiert der Friedhof der Brüder. Hin und wieder besuchen Brüder das Haus und den Friedhof. Touristisch wird seitens der Stadt sowohl das alte Kloster als auch das zweite, kürzlich aufgelöste Kloster als ehemaliges Dominikanerkloster jeweils als sehenswerter Ort der Stadt deklariert. Der letzte Prior des Konvents gab zudem ein kleines Büchlein über die Geschichte des Konvents heraus. Hinsichtlich der Auflösung gibt es eine interessante Variante, den Schließungsprozess zu dokumentieren. Der Kunstphotograph Jürgen Rehrmann machte Aufnahmen von der Räumung des Gebäudes und der Kirche, die er dann, künstlerisch bearbeitet, in angesehenen Museen ausstellte.

4. Domus in Bottrop

a) Die Gemeinschaft in Bottrop wurde Ende der 1960er Jahre gegründet und hatte von Anfang an das klare Profil einer Gemeinschaft von Arbeiterpriestern respektive Brüdern, die sich mit Menschen am sozialen Rand auseinandersetzten.

b) Sowohl die Gründung als auch die Existenz und Aktivität der Gemeinschaft hatte immer ein wenig „Protestcharakter". So suchte man in der Gemeinschaft nach neuen und vertieften Formen des brüderlichen Zusammenlebens, was nicht ohne Debatten innerhalb und außerhalb der Gemeinschaft vonstattenging. In den 1980er Jahren galt das Haus als die „linke" Gemeinschaft der Provinz mit zum Teil sehr starken Persönlichkeiten und von daher war die Meinung über die Kommunität gespalten. Was die Ausstrahlung des Hauses anging, so waren die Dominikaner bekannt im Umfeld ihrer Arbeitskollegen, als sie unter Tage oder in der Industrie als Arbeiterpriester tätig waren, später als Seelsorger und Gemeindeleiter. Zudem waren sie präsent im Stadtteil, in dem sich das Haus der Gemeinschaft befand.

c) Die Auflösung des Hauses Mitte der 1990er Jahre war eher pragmatischer Natur und hatte wenig zu tun mit ideologischen Richtungskämpfen. Nach mehreren personellen Veränderungen (Tod, Versetzungen, Austritte) und einer Überalterung der Gemeinschaft entschied man sich zur Auflösung des Hauses. Die verbliebenen Brüder wehrten sich gegen die sich anbahnende Auflösung, aber sie respektierten schlussendlich die Entscheidung, nicht zuletzt im Bewusstsein, dass es auch nicht mehr eine klassische Arbeiterpriesterkommunität war.

d) Im Vorfeld der Auflösung war ein Freundeskreis, der sich am Haus gebildet hat, sehr präsent und versuchte die Verantwortlichen vor der entscheidenden Abstimmung zu bewegen, die Gemeinschaft nicht aufzulösen. Dieser Freundeskreis hat sich bis zum heutigen Tage erhalten und einer der Brüder trifft sich mit ihnen in regelmäßigen Abständen. Aus unterschiedlichen Gründen dauert es eine ganze Weile, bis das Haus definitiv verkauft war und in dieser Zeit lebte weiterhin ein Bruder dort, um es zu verwalten. In diesem Zuge gab es eine unschöne Diskussion mit der Nachbarschaft, die zwar wenig Probleme mit der Auflösung selbst hatte, aber empört war über die Entscheidung der Provinz, auf Bitten der bestehenden Kommunität das Haus vorrangig einer sozialen Einrichtung zukommen lassen zu wollen. Die Nachbarn fürchteten Pläne wie die der Einrichtung eines Kindergartens oder gar eines betreuten Wohnens für psychisch Kranke und protestierten sehr heftig, zuweilen sogar in recht ungebührlicher Weise. Heute erinnert sich die Provinz dieses Projekts als spezifische Alternative, an den Rändern der Gesellschaft präsent zu sein. Ansonsten ist das Projekt Geschichte. Selbst im Internet findet sich nur ein einziger Verweis auf Bottrop im Stichwort „Arbeiterpriester".

5. Dominikanerkonvent Walberberg

a) Von allen an dieser Stelle vorgestellten Projekten ist das Kloster in Walberberg zweifellos das bedeutendste hinsichtlich Inhalt und Identität. Nach der Wiedergründung der Ordensprovinz im ausgehenden 19. Jahrhundert brauchte es ein Studienhaus für die reichlich nachwachsende Zahl an Berufungen. Das bisherige Studienhaus in Düsseldorf reichte nicht mehr aus und so errichtete man 1925 das Studium Generale in Walberberg auf der Ruine einer mittelalterlichen Burganlage, die man zuvor erworben hatte.

b) Für die Ordensprovinz Teutonia und für einige auswärtige Dominikanerprovinzen, die Brüder zum Studium dorthin entsandten, wurde das Kloster zum einen Ausbildungshaus, in dem jeder *ratione studii* zu leben hatte, zum anderen ein Ort mit einer theologischen Prägung und Ausstrahlung nach außen. Nach dem Zweiten Weltkrieg wurde es Heimstätte für eine gewisse sozialethische Tradition im Geiste von Arthur F. Utz und Eberhard Welty, die vor allem im Walberberger Institut verbreitet wurde. Dazu kam ein nicht unbedeutendes Institut für Sprecherziehung, das für angehende „Predigerbrüder", aber auch für Studierende von außerhalb wichtig war. Nach dem Vaticanum II brachte es eine Reihe (teilweise bedeutender) Theologen hervor. Das Verhältnis der Ordensprovinz zum Walberberger Konvent war in der Regel sehr gespalten. In frühen Zeiten war es vor allem der Kostenfaktor, der eine Rolle spielte, später kamen ideologische Richtungskämpfe dazu, die vor allem in Walberberg selbst ausgetragen wurden. Zudem gab es eine schwierige Phase, in der der Konvent sich nach dem Ende des hauseigenen Studiums ein neues Profil zu geben hatte. Einerseits fand man es in der Erwachsenenbildung (Sozialethik, Theologie, Spiritualität, Exerzitien), andererseits als Ausbildungshaus für Ordensstudenten mit dem Studienort Bonn. Gegenüber der Ordensprovinz empfand sich die Kommunität jahrzehntelang in der Defensive.

Die Einwohner des Ortes schätzten die Dominikaner in unterschiedlicher Weise. Bekannt waren die Brüder aus der Seelsorge; die akademische Arbeit selbst blieb den Dorfbewohnern naturgemäß fremd. Bedeutend war das Haus für die Ortsgemeinde als Wirtschaftseinheit, da der große Tagungsbetrieb eine gewisse Rolle spielte.

c) Ausschlaggebend für die Auflösung des Hauses war der finanzielle Faktor. Das Haus war viel zu groß, um durch die Einnahmen aus der Erwachsenenbildung und ähnlichen Projekten finanziert zu werden. Zu beobachten war ein auffallend geringes Interesse innert der Ordensprovinz, nach Alternativen zu suchen, die den Erhalt garantiert hätten. Die Jahre und Monate vor der Auflösung waren für die Provinzleitung, für die Provinz selbst und für die betroffenen Brüder sehr schwer und konfliktiv. Nach längerem Hin und Her wurde die Klosteranlage schließlich (2008) an einen Investor verkauft.

d) Die Reaktionen auf die Auflösung waren sehr leidenschaftlich. Im Vorfeld der Auflösung gab es eine Reihe von Presseberichten, die sich kritisch gegenüber den Überlegungen erwiesen und mit – aus unterschiedlichen Quellen stammenden – Informationen hantierten, die dazu zwangen, regelmäßig Richtigstellungen zu platzieren. Die Brüder des Konvents wehrten sich teilweise heftig gegen die Auflösung und von daher nimmt es nicht Wunder festzustellen, dass eine Reihe von arbeitsfähigen Brüdern nach Auflösung des Konvents gar nicht oder zumindest anfangs nicht bereit war, in einen anderen Konvent zu ziehen. Im Gegensatz zu allen anderen hier aufgeführten Auflösungen führte der Entscheidungsprozess zu erheblichen Verletzungen, an deren „Heilung" zur Zeit gearbeitet wird. Seitens des Ortes und der Gottesdienstgemeinde (die Klosterkirche war keine Pfarrkirche) gab es bei Bekanntwerden der Auflösungspläne erhebliche Widerstände. Dabei ging es nicht nur um das Verlieren eines liebgewordenen geistlichen Ortes, sondern vor allem um den Verlust eines wichtigen Wirtschaftsbetriebs (ca. 50 Angestellte, diverse Zulieferer et cetera). Im Gegensatz zu den anderen Auflösungen war Walberberg ein Ort mit einer überregional wahrgenommenen Aktivität sowohl im akademischen als auch im kirchlichen Bereich (obgleich die Hochschule an sich schon seit 1975 keinen aktiven Lehrbetrieb mehr hatte). Dies hatte auch eine erhöhte Aufmerksamkeit zur Folge, als die Aufhebung des Konvents bekannt wurde. Da die Auflösung erst kürzlich erfolgte, ist es nicht verwunderlich, dass die dominikanische Identität des Projekts noch durchaus präsent ist. Geplant sind Publikationen, die sich mit der Geschichte und der theologischen Tradition des Konvents auseinandersetzen.

6. Sonderfall Dominikanerkonvent Köln

a) In der Stadt Köln gab es seit den 1950er Jahren zwei Konvente. Neben dem Konvent Hl. Kreuz (u.a. Provinzverwaltung) gründete man einen zweiten Konvent an St. Andreas, einer romanischen Kirche, die als Spezifikum die Grabstätte des Dominikanerheiligen Albertus Magnus beherbergt. Die Gemeinschaft hatte von Anfang ein klares Profil im kirchlichen Bereich aufgrund starker und bekannter Persönlichkeiten, die dort lebten und wirkten. In den 1980er Jahren hat eine junge Gruppe von Brüdern die Kommunität mittels eines konventualen Projekts an der Klosterkirche profiliert.

b) Der Konvent St. Andreas mit seinem spezifischen Gepräge wurde seitens der Provinz mehrheitlich goutiert, da er in pastoraler und kommunitärer Hinsicht den Vorstellungen einer gut funktionierenden Gemeinschaft entsprach und optimal gelegen ist. In der Stadt war das Kloster bekannt und war gut etabliert.

c) Die Überlegungen, das Haus aufzulösen oder es zu verkleinern, bezogen sich auf die Meinung, dass eine Dominikanerentität in einer Stadt ausreiche. Da der Konvent Hl. Kreuz auch die raumintensive Provinzleitung beherbergt, entschied man sich dazu, St. Andreas aufzulösen. Der Vorschlag ging in die Richtung, die Gemeinschaft aufzulösen, aber die Seelsorge weiterhin vom Nachbarkonvent Hl. Kreuz aus zu betreiben. Bevor allerdings eine solche Entscheidung getroffen oder gar umgesetzt wurde, intervenierte der Erzbischof, der die Dominikaner dringend bat, keinesfalls die Gemeinschaft aufzulösen, und deutlich machte, dass für ihn eine Seelsorge an St. Andreas seitens der Dominikaner von Hl. Kreuz aus nicht vorstellbar sei. So einigte man sich für einen Kompromiss: Der Konvent wurde heruntergestuft auf ein Domus, das zum Konvent Hl. Kreuz gehört. Heute leben drei Brüder an St. Andreas, die weiterhin die Seelsorge an der Kirche betreiben.

d) Es ist wohl dem Erzbischof zu verdanken, dass die Gemeinschaft, wenngleich formal nur als Filialhaus verstanden, weiter existiert. Der Fortbestand des Hauses wird zur Zeit von niemandem mehr in Frage gestellt. Im Gegenteil – man denkt wieder an eine Vergrößerung der Gemeinschaft.

Was bleibt?

Die Ordensgemeinschaften bewegen sich hinsichtlich der Gesellschaft, in der sie sich vor längerem oder vor kürzerem etabliert haben, nicht im luftleeren Raum. Meistens begründet sich die Errichtung einer Kommunität in der Annahme, dass die geplanten Aktivitäten für das soziale Umfeld mindestens als sinnvoll, möglicherweise aber auch als nötig erachtet werden. Da katholische Ordensgemeinschaften immer der Erlaubnis des Ortsordinarius (Bischof) bedürfen, war es für sie zwingend notwendig, das Etablieren eines Standorts sachlich zu erklären. Das Procedere bei einer Auflösung ist – wie auch die oben genannten Beispiele gezeigt haben – eher pragmatischer Natur, wenn es sich nicht um Einrichtungen „bischöflichen Rechts" handelt. Der Ordinarius wird bei den Dominikanern in Deutschland in der Regel über die Schließung eines Hauses erst am Ende des Entscheidungsprozesses informiert und damit wird ihm das Ergebnis formell zur Kenntnis gebracht.

Die Religionssoziologie hat im Wesentlichen drei Erklärungsmuster aufgestellt, um die Situation der Religiosität zu beschreiben. Die Säkularisierungsthese geht zwischenzeitlich nicht mehr von einem automatisch angelegten langfristigen und prozesshaften Verschwinden der Religion aus (und erst recht nicht von einer prinzipiellen Religionskritik), sondern verweist vielmehr auf den zunehmenden Bedeutungsverlust von Religion in der Gesellschaft, die zu einer religiösen Indifferenz führt, die weniger linear zu verstehen ist als vielmehr als ein auf- und absteigender Kurvenverlauf. Die Individualisierungsthese hielt vor allem seit den 1980er Jahren Einzug in die Religionssoziologie und bestimmte in ihrer Einschätzung zunehmender Privatisierung von Religiosität – wie die Säkularisierungstheorie – für lange Zeit den theologischen Diskurs. Die dritte Variante, das Verhältnis von Gesellschaft und Religion zu beschreiben, ist das religiöse Marktmodell, welches von einem Wettbewerb der religiösen Gruppen ausgeht und die Entscheidungsfreiheit der Einzelnen berücksichtigt, sich dieser oder jener Gruppierung anzuschließen oder zumindest zu sympathisieren.

Diese klassischen religionssoziologischen Muster werden zuweilen als Erklärung herangeführt, wenn es darum geht, die Auflösung von Standorten der Orden zu rechtfertigen: Es ist weniger der Mangel an Nachfrage, die eine Ordensgemeinschaft in ihrer Existenz bedroht, sondern meistens der Mangel an Nachwuchs, der in der Lage ist, die bestehende Einrichtung einigermaßen souverän zu leiten und zu fördern. Das Ausbleiben von Nachwuchs für die Gemeinschaften wird mit der Säkularisierung und der Individualisierung begründet. Die Hypothesen sind scheinbar geeignet, den Weggang von Gemeinschaften zu erklären, aber es wird zu fragen sein, ob sie auch taugen, eine geeignete Kultur des „Danach" zu entwickeln. Es ist nicht die Aufgabe der soziologischen Forschung, einen solchen Prozess zu fördern, aber sie kann durchaus den laufenden Prozess beobachten, analysieren und bewerten – was bislang in systematischer Manier noch nicht geschehen ist. Es ist nicht so, dass es faktisch unmöglich ist, solche Erfahrungen zu sammeln, sondern vielmehr gibt es wenig Interesse, in diesem Sinne vorausschauend zurück zu schauen, weil der Rückblick zumeist schmerzlich einen schwierigen Entscheidungsprozess in Erinnerung ruft.

Fasst man die Frage nach dem Danach mittels der benannten Beispiele zusammen, muss man zum Schluss kommen, dass die Nachhaltigkeit der Existenz bestimmter Ordensgemeinschaften nach ihrem Weggang keineswegs sonderlich hoch ist, sondern vielmehr die Anwesenheit und Aktivität der Gemeinschaft mit der Zeit in Vergessenheit gerät. Abgesehen von der persönlichen Erinnerung bestimmter Menschen, die am Geschehen der Klostergemeinschaft in irgendeiner Form beteiligt waren, verblasst das kollektive Interesse an der Tatsache der Präsenz recht schnell. In den genannten Beispielen fällt auf, dass es in der Regel der Unterstützung der Ordensgemeinschaft selbst bedarf, um die *memoria* aktiv zu halten. Dabei sind zu nennen entsprechende Publikationen, die an die Arbeit erinnern, Gedenktafeln und vergleichbare praktische Informationen an den erhaltenen Gebäuden oder auch Projekte wie Stiftungen, die sich explizit um den Erhalt der Erinnerung bemühen. Es scheint, als ob die Geschichte eher einzelne Brüder, die in den Konventen lebten, in Erinnerung behält als die Gemeinschaften als solche.

Zumindest was die genannten Beispiele angehen, so fällt auf, dass innerhalb der Ordensprovinz die Erinnerungskultur vergleichsweise gering ausgeprägt zu sein scheint. Es lässt sich darüber spekulieren, warum dies so ist. Möglicherweise sind die Brüder froh, darüber nichts mehr wissen zu müssen – sei es aus Frustration ob der Notwendigkeit der Auflösung, sei es aus Zufriedenheit, „Ballast" abgegeben haben zu können.

In diesem Beitrag wird gezeigt, dass es durchaus hilfreich ist, nicht nur nach der Ordenspräsenz und seiner Bedeutung zu fragen, sondern auch, was eigentlich bleibt, wenn diese Präsenz verlorengeht. Das vorläufige Ergebnis ist hinsichtlich der aufgeführten Beispiele zugegebenermaßen ernüchternd, aber es soll nicht davon abhalten, sich dessen bewusst zu sein. Auf dieser Grundlage ist es sinnvoll, das Ergebnis auch (pastoral-)theologisch zu reflektieren, was bedeutet, auch die Chancen einer „Erinnerungspastoral" zu nutzen, d. h. auch nach der Auflösung eines Standorts dortselbst auf die Geschichte und Spiritualität der ehemaligen Ordensgemeinschaft produktiv zu nutzen. Selbst wenn die Gesellschaft im oben genannten Sinne säkularisiert, individualisiert oder religiös wettbewerbsorientiert ist, schließt das nicht aus, dass das Faszinosum „Orden" oder „Kloster" in Verbindung ihrer Traditionsorte von Interesse bleibt. Es ist nicht nur ein äußerlicher Faktor, dass aufgelassene Klöster und Kirche gerne für „weltliche" Zwecke genutzt werden, um die tatsächliche oder vermeintliche Tradition, die in den Mauern steckt, zu instrumentalisieren. Es wird zu untersuchen sein, inwieweit auch hier spirituelles, ja sogar missionarisches Potential steckt. Vorstellbar ist, dass eine bislang fehlende qualifizierte soziologische Untersuchung in Auftrag gegeben wird, eben solche Daten zu erheben, um die in diesem Beitrag im Blick auf die deutsche Dominikanerprovinz Teutonia nur paradigmatisch skizzierten Beobachtungen in einen übergeordneten Zusammenhang zu stellen, der schließlich (pastoral-)theologisch nutzbar ist.

Erfahrungsberichte aus der Kirche

Erfahrungsbericht über den Fusionsprozess
der Pfarrei Liebfrauen Duisburg im Rahmen
der Umstrukturierung des Bistums Essen

Statement von Bernhard Lücking,
Pastor der Gemeinde Liebfrauen und Stadtdechant

1. Skizzieren Sie kurz das Fusionsprojekt unter Berücksichtigung der Ursachen, Ziele und der beteiligten Akteure.

Im November 2004 wurden das Bistum Essen und die Öffentlichkeit davon in Kenntnis gesetzt, dass das Ruhrbistum vor einer tiefgreifenden strukturellen Veränderung steht. In einem Prozess von circa vier Jahren soll die Pastoral der Diözese eine neue Struktur bekommen. Sowohl pastorale als auch finanzielle Gründe machen diese Umstrukturierung notwendig.

Bischof Dr. Felix Genn schrieb am 16. Januar 2005 unter der Überschrift „Absicherung der pastoralen und wirtschaftlichen Handlungsfähigkeit des Bistums Essen" in seinem Bischofswort:

„Wir werden schon im Haushaltsjahr 2005 mit Schulden leben müssen. Ohne ein schnelles, überlegtes Handeln wird sich das Bistum in den kommenden Jahren weiter verschulden. Um nicht handlungsunfähig zu werden, sehen wir uns genötigt, das Haushaltsvolumen um 70 Mio Euro dauerhaft abzusenken, damit unser Haushalt im Jahr 2011, so hoffen wir, ausgeglichen wird."

Der Bischof wies in seinem Bischofswort auf die dramatische Veränderung des Ruhrbistums hin: Die Zahl der Kirchenmitglieder habe sich seit der Gründung des Bistums 1958 um circa ein Drittel verringert. Das Bistum sei von circa 1,4 Millionen auf ca. 900 000 Mitglieder geschrumpft. „Im selben Zeitraum", so führt der Bischof weiter aus,

„wurden 47 Pfarrzentren neu gebaut. Die Arbeitslosigkeit, der Strukturwandel des Ruhrgebietes, die demografische Entwicklung, vor allem auch der Rückgang der Kinderzahlen und schließlich die Entscheidung vieler Menschen, aus der

Kirche auszutreten, um keine Kirchensteuern mehr zahlen zu müssen, oder weil sie sich nicht mehr an die Kirche gebunden wissen, alles dies sind Faktoren, die zu der wirtschaftlichen Situation geführt haben, in der wir uns befinden."

Diese grundlegenden Veränderungen bedingen nicht nur Sparmaßnahmen, sondern auch eine grundlegende Neuorientierung der Pastoral, für die auch eine strukturelle Neuordnung erforderlich ist.

2. Welche Phasen / Prozessschritte waren charakterisierend für den Fusionsprozess?

Lange Zeit herrschte noch das Konzept vor, dass kleine, überschaubare Pfarreien Voraussetzung für ein lebendiges Gemeindeleben, einer sog. Pfarrfamilie, seien. Aber angesichts des Rückgangs an Gemeindemitgliedern und Kirchenbesuchern waren manche Pfarreien kaum noch in der Lage die Gremien mit geeigneten Mitarbeiterinnen und Mitarbeitern zu besetzen und die Aufgabengebiete, die Grundvollzüge einer lebendigen Gemeinde zu gewährleisten. Es hatte deshalb ein längerer Fusionsprozess unter Bischof Dr. Hubert Luthe begonnen. Dieser Prozess wurde aber nur zögerlich und halbherzig vollzogen, sodass eine radikalere Lösung unabdingbar war. Nach einem intensiven Prozess des Nachdenkens und Beratens wurde die Entscheidung zu Beginn des Jahres 2006 bekanntgeben:

Aus 263 selbständigen Pfarreien werden nun 43 Großpfarreien als Körperschaften öffentlichen Rechtes gebildet. Diese Pfarreien bestehen aus in der Regel fünf bis sieben Gemeinden, die aber keine juristische Größe mehr darstellen. Die Dekanatsstruktur geht über in eine Pfarreistruktur. Lediglich die Stadt- und Kreisdekanate bleiben bestehen. Um die neue Struktur in den Pfarreien vorzubereiten, wurden für jede künftige Pfarrei zwei Koordinierungsausschüsse gebildet, die zum einen die Aufgabe hatten die künftige Pastoral und zum anderen die künftige wirtschaftliche und finanzielle Situation vorzubereiten. Zu den Pfarreien, die als erste gegründet werden sollten, gehörte die Pfarrei Liebfrauen Duisburg. Mit dem Gründungsdatum der neuen Pfarrei, dem 1. Oktober 2006, wurde mir die Aufgabe des Pfarrers übertragen. Bisher war ich 20 Jahre Pfarrer der Pfarrei Herz Jesu Gelsenkirchen-Buer-Resse, einer Pfarrei, die seit 2001 ebenfalls eine aus den Pfarreien St. Hedwig und Herz Jesu fusionierte Einheit bildete.

Darüber hinaus war ich 10 Jahre Dechant des Dekanats Gelsenkirchen Buer, das seit 2002 mit dem Dekanat Gelsenkirchen Horst fusioniert worden ist.

3. Über welche positiven und negativen Erfahrungen können Sie berichten?

Ab dem 1. Oktober 2006 sieht die Struktur der Pfarrei Liebfrauen wie folgt aus: Die neue Pfarrei hatte zur Zeit der Gründung 35 300 Mitglieder. Acht nichtselbständige Gemeinden (Pfarrbezirke), die aus 10 selbständigen Pfarreien gebildet wurden, gehören zur Pfarrei: fünf Territorialgemeinden: Liebfrauen, Duisburg-Mitte mit der Pfarrkirche St. Joseph und den sog. „weiteren Kirchen" Hl. Kreuz, Du-Neuenkamp, St. Clemens, Du-Kaßlerfeld, Liebfrauen, Du-Mitte; St. Ludger Du-Neudorf mit der Filialkirche St. Elisabeth, Du-Duissern und der „weiteren Kirche", der Kapelle St. Martin Du-Werthacker; St. Gabriel, Du-Neudorf mit der weiteren Kirche St. Anna, ebenfalls Du-Neudorf; Christus König, Du-Hochfeld, mit der Filialkirche St. Bonifatius und der weiteren Kirche St. Peter, beide Du-Hochfeld; St. Michael, Du-Wanheimerort mit der Filialkirche St. Petrus Canisius.

Ebenfalls gehören die kroatische und die italienische Gemeinde als muttersprachliche Gemeinden zur Pfarrei wie auch die Personalgemeinde an der Karmelkirche „Mutter vom guten Rat". Solange der Karmeliterorden einen Seelsorger an dieser Kirche zur Verfügung stellt, ist der Bestand dieser Gemeinde gesichert, die sich in enger Kooperation mit der Liebfrauengemeinde in die Pfarrei einzubringen hat.

Jede Gemeinde hat einen Gemeinderat, der von der Gemeinde selbst gewählt wird. Dieser Rat entsendet Delegierte in den Pfarrgemeinderat. Es gibt nur einen Kirchenvorstand, der von den Mitgliedern der gesamten Pfarrei gewählt wird.

Die pastoralen Mitarbeiterinnen und Mitarbeiter, die aktiv in der Seelsorge tätig sind, treffen sich alle zwei Wochen zur Sitzung des Pastoralteams. Auch die Kategorialseelsorgerinnen und -seelsorger, die in Krankenhäusern oder Schulen tätig sind, sind zu den Sitzungen eingeladen, wenn sie auch satzungsgemäß nicht dazugehören.

Die Verwaltungsarbeit der Pfarrei wird von einem hauptamtlichen Verwaltungsleiter verantwortet. Mit der Einstellung eines Verwaltungsleiters, der faktisch die Geschäftsführung dieser so großen Pfarrei innehat, kann sich der Pfarrer stärker den seelsorgerischen Aufgaben widmen. Da die Pfarrei Liebfrauen Citypfarrei ist, sind mit ihr auch stadtkirchliche Aufgaben verbunden worden. So ist der Pfarrer zunächst kommissarisch und dann nach dem Votum der Stadtkonferenz und der Ernennung des Bischofs Stadtdechant geworden, der Verwaltungsleiter gleichzeitig auch Stadtreferent. Das Stadthaus der katholischen Kirche, in dem sich die Katholische Erwachsenen- und Familienbildung im Bistum Essen gGmbH, Region Duisburg und der Caritasverband Duisburg befinden, beheimatet jetzt auch das Pfarrbüro und das

Büro des Pfarrers und Stadtdechanten, des Verwaltungsleiters und Stadtreferenten sowie das Büro des Stadtdekanats.

Aufgaben des Kirchenvorstands:
Nutzung der „weiteren Kirchen" und Personalabbau

Zwei große Aufgaben hatte der Kirchenvorstand mit Aufnahme seiner Tätigkeit zu bewältigen. Er musste eine Lösung für die sog. „weiteren" Kirchen finden. Das sind Gotteshäuser, für die das Bistum keine Kirchensteuermittel mehr zur Verfügung stellt. Auch ein Personalabbau war wegen zu hoher Personalkosten ebenfalls notwendig. Konkret bedeutete das, dass die Zahl der Angestellten von 60 auf circa 15 Personen reduziert wurde. Gerade in der Bewältigung dieser so schwierigen Aufgaben zeigte der neu gewählte Kirchenvorstand seine große Kompetenz und Leistungsfähigkeit. Dadurch, dass hervorragende und in unterschiedlichen Sachgebieten erfahrene, aus verschiedenen Gemeinden gewählte Frauen und Männer Mitglieder des Kirchenvorstands sind, konnten in knapp drei Jahren viele Probleme eine befriedigende Lösung finden.

Zur Frage der „weiteren Kirchen"

Für die mitten in der City, im Bereich der Fußgängerzone sich befindende *Liebfrauenkirche,* ein denkmalgeschützter Bau aus den 1960er Jahren des vorigen Jahrhunderts, hatte sich eine Bürgerinitiative eingesetzt. Dank einer großzügigen Zuwendung eines Duisburger Bürgers und der Überschreibung zweier pfarreieigener Häuser war das Kapital für eine Stiftung vorhanden. Der Kirchenraum im Obergeschoss soll für größere Veranstaltungen kultureller und interreligiöser Art entsprechend gestaltet werden, die Unterkirche steht der Gemeinde für Gottesdienste weiterhin zur Verfügung. Dank der Citynähe engagieren sich Frauen und Männer unter dem Namen „Das Portal" in der Citypastoral. Dreimal mittags und zweimal abends finden jetzt dort Werktagsgottesdienste statt. Die Gemeinschaft San Egidio trifft sich dort wöchentlich. Sonntags wird die Abendmesse gut besucht. Die Kirche ist tagsüber zur Anbetung geöffnet. Jeden Tag wird die Gelegenheit zum Empfang des Sakramentes der Versöhnung in einem Beichtraum angeboten. Mehrmals im Jahr sind am Samstagabend vor allem junge Menschen zu „Nightfever" eingeladen.

Die *Kirche St. Peter in Duisburg-Hochfeld* wird für einen Stadtteil mit hohem Migrantenanteil, in dem viele Menschen unter materiellen und sozialen Nöten leiden, zu einem sozial-caritativen Zentrum umgebaut werden. Dort sollen Begegnungen, Schulungen und andere soziale Aktionen stattfinden. Schon jetzt befinden sich in den Gemeinderäumen eine Kleiderkammer und eine Schulmaterialkammer für bedürftige Kinder; die Duisburger Tafel nutzt den ehemaligen Pfarrsaal zur Lebensmittelausgabe. Eine Betreuung für Migrantenkinder unter dem Namen Cakadu (*Ca*ritas, *k*atholische Pfarrei, *Du*isburg) ist dort angesiedelt, „Solwodi" (*Sol*idarity with *Wo*men in *Di*stress – Solidarität für Frauen in Not), hat ebenfalls dort eine Anlaufstelle, um Frauen, die Opfer von Menschenhandel, Missbrauch oder Zwangsprostitution sind, zu helfen.

Die *Kirche St. Clemens in Duisburg-Kaßlerfeld* wurde abgerissen, das Gelände an einen Investor verkauft. Der Caritasverband Duisburg hat dort ein Altenheim errichtet. Die Inneneinrichtung der Clemenskirche befindet sich in der Krypta der Pfarrkirche St. Joseph.

Die *Kapelle St. Martin* der Siedlung Werthacker wurde schon einige Jahre nicht mehr von der ehemaligen Pfarrei St. Elisabeth Duisburg-Duissern genutzt. Sie wurde an die Siedlergemeinschaft verkauft, die sie als Begegnungsraum weiter nutzt.

Es war geradezu eine Fügung, dass die *Kirche Heilig Kreuz* für den Stadtteil Neuenkamp erhalten werden konnte; denn Neuenkamp liegt wie eine Halbinsel im Hafengebiet und ist von den übrigen Stadtteilen ziemlich abgeschnitten. In die Räume des Gemeindezentrums zog ein Kindergarten des Trägers „Zaubersterne". Mit den Mieteinnahmen kann die Kirche nun finanziert werden. Die einzige Kirche, für die noch keine endgültige Lösung gefunden werden konnte, ist die denkmalgeschützte *Kirche St. Anna*. Das Pfarrheim, das Pfarrhaus und die Kindertagesstätte von St. Anna konnten verkauft bzw. anderweitig genutzt werden. Die Kirche allerdings muss immer noch von der Pfarrei finanziert werden. Hin und wieder wird die Kirche allerdings für Konzerte und gottesdienstliche Veranstaltungen genutzt.

Zur Frage des „Personalabbaus"

Das zweite Problem bestand im Personalabbau. Nach genauen Vorgaben des Bistums musste die Pfarrei bzw. der Kirchenvorstand einen Stellenplan erarbeiten. Das bedeutete, dass zahlreiche Mitarbeiterinnen und Mitarbeiter entlassen wurden. Es gelang, den Abbau ohne betriebsbedingte Kündigungen zu erreichen.

Über Altersteilzeit, Abfindungen und Vorruhestandsregelungen konnte diese Herausforderung sozial verträglich gelöst werden. Mit dem Personalabbau verbunden waren sodann tiefgreifende Konsequenzen für die Gemeinden und die Mitarbeiterinnen und Mitarbeiter. Die Gemeindebüros verfügen zukünftig über keine hauptamtlichen Sekretärinnen mehr. Der Küsterdienst muss von einem Küster oder einer Küsterin für mehrere Kirchen geleistet werden und auch auf ehrenamtliche Mitarbeiterinnen und Mitarbeiter sind wir diesbezüglich angewiesen. Ebenfalls wird auch der Hausmeisterdienst ohne ehrenamtliche Mithilfe nicht mehr geleistet werden können.

Besonders schwierig gestaltete sich die Aufteilung der Arbeit bei der Kirchenmusik. Da die einzelnen Chöre nicht zum Zusammenschluss bereit waren, konnte nicht für alle Chöre die hauptamtliche Chorleitung gewährleistet werden. Dieses wiederum hatte erhebliche Schwierigkeiten sowie Proteste seitens der Chöre zur Folge. Inzwischen hat sich die Situation geklärt: Der für die Koordination der Kirchenmusik in der Pfarrei zuständige hauptamtliche Kirchenmusiker hat ein mit dem Kirchenvorstand und dem Pfarrgemeinderat abgestimmtes Konzept auf den Weg gebracht, das der Pfarrei ein unterschiedliches Angebot an Kirchenmusik mit alter und neuer geistlicher Musik möglich macht. Mit ehrenamtlichen Organisten wird versucht, für die sonntäglichen Gottesdienste das Orgelspiel zu sichern. Das bedeutet aber auch für die Gemeinden, dass sie miteinander die Zahl und die Zeiten der Gottesdienste abstimmen mussten.

Entlastet wird die Arbeit des Kirchenvorstandes durch die Übernahme der pfarreigenen Kindergärten in die Trägerschaft des vom Bistum neugegründeten Kita-Zweckverbandes. Dieser besteht aus Personalverwaltung und Instandhaltung der Kindergärten. Durch ein Kuratorium, dem auch Pfarrgemeinderats- und Kirchenvorstandsmitglieder angehören, wird die Zusammenarbeit der Kindergärten mit den Gemeinden zudem strukturell gesichert.

Während die Gemeinderäte das Gemeindeleben weiterhin konzipieren und gestalten, hat der Pfarrgemeinderat eher eine koordinierende Aufgabe und setzt die Schwerpunkte der Pastoral für die gesamte Pfarrei mit dem Pastoralteam fest. Dafür wurde vom Pfarrgemeinderat ein Pastoralplan erstellt, der die Grundvollzüge des Pfarr- und Gemeindelebens sichern soll: Verkündigung und Glaubenszeugnis (Martyria), Liturgie, Caritas und Koinonia / Leben in Gemeinschaft. In diesen Grundvollzügen wird das was Gemeinden noch leisten können, auch weiterhin in der Verantwortung der Gemeinden bleiben. In vielen Bereichen der Katechese, der Liturgie, aber auch der Caritas arbeiten Gemeinden entweder zusammen oder die

Pfarrei übernimmt die Verantwortung. Die Pfarrei hat sich aber auch besondere pastorale Schwerpunkte gesetzt.

Schon angesprochen wurden die Citypastoral in der Liebfrauenkirche und das sozial-caritative Zentrum an der ehemaligen Kirche St. Peter. Für beide Bereiche haben Mitglieder des Pastoralteams eine besondere Verantwortung als ein Schwerpunkt ihrer seelsorglichen Tätigkeit übernommen.

Ein weiterer Schwerpunkt ist die Jugendarbeit der Pfarrei. Der Bund der katholischen Jugend in Duisburg hat dort seinen Sitz erhalten, nachdem das Katholische Jugendamt aufgegeben werden musste. Auch das Büro der Gemeindereferentin, welche die Aufgaben einer Pfarr- und Stadtjugendseelsorgerin innehat, wurde dort angesiedelt. Das Konzept der Jugendarbeit ist ebenfalls ausführlich im Pastoralplan dargestellt.

4. Wie bewerten Sie bis dato den Fusionsprozess? Welche Chancen und Handlungsfelder haben sich dadurch ergeben?

Um die Aufgaben, welche die Pfarrei sich in ihrem Pastoralplan vorgenommen hat, zu verwirklichen, bedarf es vieler Gespräche, einer intensiven Kommunikation sowie erheblich kontroverser Auseinandersetzungen. Hilfreich ist, dass der Pfarrgemeinderat relativ schnell eine Homepage eingerichtet hat, die immer auf dem aktuellen Stand ist. Bisher ist es bedauerlicherweise nicht gelungen, gemeinsame Pfarrnachrichten herauszugeben. Die Gemeinden beharren auf ihren eigenen Gemeindeinformationen. Das erschwert die Kommunikation innerhalb der Pfarrei. Dies verdeutlicht aber auch, dass das Bewusstsein eine Pfarrei zu sein, sich noch nicht überall in den Gemeinden durchgesetzt hat. Es bleibt die nicht immer einfache Aufgabe, das „Kirchturmdenken" zu überwinden, die großen Möglichkeiten gemeinsamer Aktivitäten auf Pfarrebene zu sehen und trotzdem die berechtigten Eigeninteressen der Gemeinden im Blick zu behalten. Es war ja kein freiwilliger Zusammenschluss der Pfarreien zu einer Pfarrei.

Damit ist die Gewissheit verbunden, dass es auch weiterhin einer großen Überzeugungsarbeit bedarf, die Chancen einer intensiven gemeindeübergreifenden Pastoral nicht nur in den Gremien, sondern auch bei den Gemeindemitgliedern deutlich zu machen.

Das Zusammenwachsen des Pastoralteams war von viel gutem Willen begleitet. Dieser Prozess wurde aber dadurch erschwert, dass sich das Team durch Versetzungen immer wieder veränderte und auf neue Mitglieder einstellen musste. Nicht einfach war auch die neue Rollenfindung. Pfarrer wurden Pastöre, kirchenrechtlich vicarii paroeciales; manche fühlten sich zunächst degradiert. Es bedarf vieler persönlicher Gespräche mit den pastoralen Mitarbeiterinnen und Mitarbeitern, um ein gutes Klima in dem Team herzustellen und immer wieder Ermutigung und Motivation zu vermitteln.

Die regelmäßigen Treffen der einzelnen Pastöre hat sich als positiv erwiesen, um notwendige Anliegen und Fragen zu besprechen, ohne dass das gesamte Pastoralteam in den für alle entscheidenden Fragen übergangen wird. Weiterhin ist wichtig, dass fast alle Mitglieder des Pastoralteams auch pfarrbezogene Aufgaben wahrnehmen. Es ist zur Selbstverständlichkeit geworden, dass die Priester Gottesdienste auch in anderen Gemeinden feiern und sich gegenseitig vertreten. Auch der Beichtdienst in der Liebfrauenkirche wird von allen Priestern übernommen. Der Beerdigungsdienst wird ebenfalls gemeindeübergreifend ausgeübt. Inzwischen sind auch zwei Gemeindereferentinnen mit dem Begräbnisdienst für die Pfarrei beauftragt.

Eine zu nennende Schwierigkeit war die Begleitung durch die bischöfliche Behörde. Da auch im Generalvikariat ein massiver Personalabbau stattfand, fehlte oftmals eine Unterstützung, die zeitgleich den Prozess begleitete. Da wir zu den zuerst gegründeten Pfarreien gehörten, fühlten wir uns manchmal als „Versuchskaninchen". Es brauchte eine gewisse Zeit, bis das Bistum zum Beispiel Instrumentarien für den Personalabbau bereitstellen konnte. Dazu gehörte eine Dienstvereinbarung, eine Art Sozialplan, der ein geregeltes Vorgehen ermöglichte.

Schwierig gestaltet sich immer noch die Haushaltsführung. Das Bistum verlangt die Umstellung von der kameralistischen zur kaufmännischen Buchführung. Dieses ehrgeizige Projekt unter dem Wort „Mikado" ist erst jetzt auf den Weg gebracht und wird erst in den kommenden Jahren endgültig in Kraft gesetzt.

Die Stadt Duisburg ist von ihrer Geschichte her evangelisch geprägt. Inzwischen ist auch der Islam zu einer einflussreichen Religionsgemeinschaft der Stadt geworden. Auch die jüdische Gemeinde, die in den letzten Jahren durch russische Zuwanderer stark gewachsen ist, bringt sich intensiv ins Zusammenleben der Religionen ein. Aber auch andere christliche Kirchen sind in Duisburg, in unserem Pfarrgebiet vertreten. So nutzt die armenische Gemeinde die Pfarrkirche St. Joseph. Mit allen religiösen Gemeinschaften wird ein freundschaftliches Verhältnis auf den unterschiedlichen Ebenen gepflegt.

In unseren Gemeinden spürbar, ist der relativ hohe Anteil der Mitchristen mit Zuwanderungsgeschichte. Neben den Migranten wie Italiener, Spanier, Kroaten oder Polen, leben auch viele Afrikaner, Tamilen und andere Ausländer in unseren Gemeinden. Nur im Gesamtprozess des Zusammenwachsens der einzelnen Gemeinden kann die Pfarrei sich dieser Herausforderung in Zukunft stellen.

Angesichts vieler kirchenfremder, fernstehender und ungetaufter Mitbürger hat die Pfarrei ihren Pastoralplan überschrieben „Menschen mit Jesus Christus in Berührung bringen". „Dieses von Bischof Dr. Felix Genn geprägte und immer wieder verwendete Wort soll über unserem Pastoralplan stehen, denn es bringt unser Bemühen um eine zeitgemäße, missionarisch ausgerichtete Pastoral in unserer Pfarrei gut zum Ausdruck."

Fusion der Pfarrgemeinden St. Peter, St. Markus, St. Elisabeth und Hl. Familie in Recklinghausen zur Pfarrgemeinde St. Peter

Statement von Jürgen Quante, Pfarrer und Propst in Recklinghausen

1. Skizzieren Sie kurz das Fusionsprojekt unter Berücksichtigung der Ursachen, Ziele und der beteiligten Akteure.

Vor gut zwei Jahren bin ich an die Propstei St. Peter in Recklinghausen gekommen. St. Peter liegt mit seinen gut 2500 Gemeindemitgliedern in der alten Innenstadt Recklinghausens und ist seit dem 13. Jahrhundert die Mutterkirche der Gemeinden im „Vest" (Kreis Recklinghausen). Heute sind unter dem Dach der Pfarrgemeinde St. Peter mit ihrer Pfarrkirche St. Peter die vier ursprünglich selbstständigen Gemeinden St. Peter, St. Markus, St. Elisabeth und Hl. Familie / Speckhorn fusioniert.

Der im Juli 2010 vollzogene Fusionsprozess entwickelte sich konkret im Jahr 2009. In diesem Jahr wurden die beiden Pfarrer von St. Markus (ca. 2000 Mitglieder) und St. Elisabeth (ca. 3800 Mitglieder) mit anderen Aufgaben im Bistum betraut. Zu St. Elisabeth gehörte bereits seit einigen Jahren die Gemeinde Hl. Familie / Speckhorn, nachdem der dortige Pfarrer in den Ruhestand getreten war. Trotz des selbstständigen Status der einzelnen Gemeinden arbeiteten alle vier Gemeinden schon längere Zeit als Seelsorgeeinheit zusammen. Formen dieser Zusammenarbeit waren zum Beispiel abgestimmte Gottesdienste, Predigeraustausch oder eine gemeinsame Kommunion- und Firmkatechese. Allerdings bestand diese Kooperation fast ausschließlich auf Ebene der hauptamtlichen Seelsorger und Seelsorgerinnen.

Durch den Weggang der beiden Pfarrer aus St. Markus und St. Elisabeth wurde der Plan für eine Fusion aktuell. Durch Kirchenaustritte und demographischen Wandel bedingt, werden es immer weniger Menschen, die auch in Zukunft Gemeinde und Kirche in der Stadt Recklinghausen gestalten und mit Leben füllen.

Es gilt, auch personell zusammenzurücken, da die finanziellen Mittel auf Dauer nicht reichen werden, um alle Gebäude, Einrichtungen und Personalstellen im bisherigen Umfang zu erhalten. Durch Kooperationsarbeit derweil, kann eine fusionierte Gemeinde besser Sparpotenziale ausnutzen als es vier autonome Gemeinden vermögen. Auch die sinkenden Priesterzahlen lassen erwarten, dass nicht mehr alle Pfarrstellen zukünftig besetzt werden können.

Auf Grundlage der Erkenntnis all dieser Einflussfaktoren war die Zielformulierung für die Fusion:

> „Es wird eine neue Pfarrei St. Peter mit der Pfarrkirche St. Peter geben – und ein lebendiges Gemeindeleben rund um die vier Kirchtürme."

Dabei lag das wesentliche Ziel darin, die Infrastruktur von vier lebendigen „funktionierenden" Gemeinden nicht einfach „wegzufusionieren".

Am Fusionsprozess beteiligt waren zunächst noch alle drei Pfarrer, ein Pastoralreferent, eine Pastoralassistentin, eine indische Ordensschwester und zwei nigerianische Priester. Die Intensität der jeweiligen Beteiligung an der Vorbereitung und Gestaltung des Fusionsprozesses war dabei je nach Aufgabenbereich und Position recht unterschiedlich. Der neu gegründete Fusionsausschuss, welcher aus den vier Gemeinden zu je zwei Pfarrgemeinderats- und einen Kirchenvorstandsmitglied sowie den Pfarrern und einer Pastoralreferentin aus St. Elisabeth bestand, fungierte als Koordinations- und Unterstützungsorgan.

2. Welche Phasen / Prozessschritte waren charakterisierend für den Fusionsprozess?

Mit der oben genannten Zielformulierung war die Notwendigkeit einer Fusion definiert. Zugleich galt es, die Eigenständigkeit der einzelnen Gemeinden so gut wie nur möglich zu wahren, indem darauf Wert gelegt wurde, so wenig wie möglich zu fusionieren. Die regionalen Einheiten einer Dorfgemeinde und die soziologisch unterschiedlichen Stadtgemeinden mussten gepflegt und als spezifische Kraftquellen genutzt werden. Die oben formulierte klare Zielsetzung für „ein lebendiges Gemeindeleben rund um die Kirchentürme" wurde gerade hinsichtlich dieser strukturellen Besonderheiten für besonders bedeutsam befunden. Das individuelle und ehrenamtliche Engagement für „meine" Gemeinde durfte sich in einer größer und anonymer werdenden Gemeinde nicht verflüchtigen.

Anspruchsvoll gestaltete sich auch die Aufgabe des Fusionsausschusses. Zunächst ging es hierbei um vorbereitende Maßnahmen für die Strukturen eines Verwaltungsausschusses, die Wahl des neuen Pfarrgemeinderates und die Festlegung des Zeitplans für die Fusionsfeier. Dabei hatte es sich der Fusionsausschuss nicht zur Aufgabe gemacht, kleinteilig alle Strukturen aus den Gemeinden auf Zusammenlegung einzustimmen. So gibt es bislang keine fusionierte Frauengemeinschaft, Arbeitnehmerschaft, Landjugend, Messdiener-Arbeit, Kirchenchöre et cetera.

Für die beiden zu versetzenden Pfarrer war der in ihren Gemeinden beginnende Fusionsprozess nicht einfach. Ihre wesentliche Sorge bestand darin, dass die in den vergangenen Jahren gewollte Profilierung ihrer Gemeinden durch den Fusionsprozess nivelliert zu werden drohte. Da diese Sorge auch von weiten Teilen der Gemeinden geteilt wurde, entstand aus vielen formellen und informellen Gesprächen die entlastende Formulierung: „So viel / so wenig Fusion wie nötig / möglich". Ein „lebendige[s] Gemeindeleben rund um die Kirchtürme" sollte weiterhin stattfinden.

Die Verhandlungen um die zu klärenden Themen und Fragen im Fusionsausschuss blieben sachlich. So kam es im Verlauf des Gesamtprozesses gesehen auch zu keinen Kampfabstimmungen. Begünstigt wurde dies dadurch, dass über existenzielle Themen vorab nicht zu entscheiden war: Kirchenschließungen, ungenutzte Pfarrhäuser oder gar Stellenstreichungen waren zu diesem Zeitpunkt kein Thema.

Grundsätzlich betrachtet, bestand die Durchführung der Fusion aus drei Phasen:

Die erste Phase war dadurch markiert, dass die beiden – jungen und sehr beliebten – Pfarrer versetzt wurden. In den betroffenen Gemeinden herrschte daraufhin nicht nur große Trauer sondern auch Ärger und Wut auf das Bistum. Aufgrund dieses Verlustes war der Fusionsbeschluss emotional negativ besetzt, was vielerorts dazu führte, dass die kreativen Ideen und Gedanken, die für einen derartigen Prozess notwendig sind, blockiert und gelähmt wurden.

Die zweite Phase lässt sich auf die Initiierung des Fusionsausschusses datieren. Mit der Einsetzung des Fusionsausschusses war mit der praktischen Vorbereitung des Gesamtprozesses begonnen worden. Im Gespräch unter den Pfarrern über zu verhandelnde Themen entstand ein Klima „schulterzuckender Zustimmung" im Sinne von „das muss ja wohl sein." Allerdings konnte durch die Transparenz in alle relevanten Entscheidungsprozesse und einer zunehmenden Einsicht in die Vorgaben der Bistumsebene ein konstruktiver Gestaltungsprozess aufgenommen werden.

Die dritte Phase stellte letztlich den Zeitraum der tatsächlich durchgeführten Fusion dar. Anfang Juli 2010 war die Fusion vollzogen. Zur Information der neuen größeren Gemeinde habe ich einen Fusionspfarrbrief geschrieben, der in alle Haushalte gebracht wurde. Der Tenor des Briefes lautete:

„Wir tragen – in sich verändernden Zeiten – Verantwortung dafür, dass auch in den kommenden Generationen in dieser Stadt Gott vorkommt; Gott so, wie Jesus Christus davon erzählt hat. Und diese Gemeinde stellt sich also neu auf, um dieser Verantwortung nachzukommen, diesen biblischen Auftrag zu erfüllen."

Damit die „Identität" aller Bereiche auch in den Gremien der neuen Gemeinde vertreten ist, wurden bei den Anfang Oktober 2010 stattfindenden Pfarrgemeinderatswahlen alle vier ursprünglichen Gemeinden berücksichtigt. Zudem gibt es in jeder Alt-Gemeinde einen Kirchturmausschuss.

3. Über welche positiven und negativen Erfahrungen können Sie berichten?

Eine wichtige Erkenntnis, die aus dem Fusionsprozess gewonnen werden konnte, liegt darin, dass in der Gemeinde der Willen und das Engagement vorhanden sein muss, um einen solchen Prozess durchzuführen. Durch den vorbildlichen Einsatz der Hauptamtlichen konnten auch die Ehrenamtlichen bzw. die gesamte Gemeinde positiv in den Prozess integriert werden. Es wurde deutlich, wie wichtig es ist, den Prozess zielgerichtet und zügig durchzuführen. Jahrelange Diskussionen und Verhandlungen im Vorfeld von Fusionen hingegen scheinen eher „kontraproduktiv" zu sein.
    Fusion hat jedoch immer etwas mit Verlusten zu tun. Daher war es wichtig, der Bewältigung von Trauergefühlen Zeit und Raum zu geben. Genauso bedeutsam war es, den kleineren Einheiten die Angst vor Vereinnahmung durch die größeren zu nehmen. Diese Befürchtung konnte unter anderem durch die gleichgewichtete Besetzung von Gremien (auf-)gelöst werden. Einer der zentralen Aspekte einer positiven Veränderung ist die immerwährende Transparenz der Entscheidungen und Vorgaben zu allen Zeiten eines so tief greifenden Prozesses.
    Es bleibt dennoch nicht aus, dass in einem derart komplexen und schwierigen Prozess einer Gemeindefusion auch viele Schwierigkeiten zu überwinden sind. Die Fusion war mit drei leitenden Pfarrern – trotz freundschaftlicher Beziehungen und vergleichbarer theologischer Ausbildung – nicht immer leicht. Gerade in der Kooperationsarbeit der Hauptamtlichen lagen jedoch immense Entwicklungspotenziale. Durch die einst selbstständigen Strukturen waren gemeinsame Prozesse erst neu zu entwickeln. Um diese Vorgänge begleitend zu unterstützen, sollte zusätzlich eine professionelle Organisationsberatung in Anspruch genommen werden.

4. Wie bewerten Sie bis dato den Fusionsprozess? Welche Chancen und Handlungsfelder haben sich dadurch ergeben?

Durch Fusion konnten in einer größeren Gemeinschaft verschiedene Projekte gesichert oder ausgebaut werden. So war im Zuge der neuen Kooperationsmöglichkeiten beispielsweise die Angebotspalette im Bereich Jugendarbeit erweitert worden. Auch konnten die Kirchenmusikerstellen mittelfristig gesichert werden. Trotz der Zusammenführung war es uns gelungen, dass die „Kirchtürme" eigene Projekte und Profile entwickelten, die zum einen die jeweilige dörfliche Prägung mitberücksichtigten und zum anderen die städtische Vielfalt in der fusionierten Gemeinde unterstrichen.

Der formale Fusionsprozess ist am 4. Juli 2010 mit einem Gottesdienst und Beisammensein auf dem Kirchplatz beendet worden. Durch das physische Zusammensein entstand ein atmosphärisch guter Start. Wichtig ist aber anzuerkennen, dass die Fusion als solches kein Datum trägt, sondern als Prozess verstanden wird. Fusion geschieht – und das unaufgeregt. Natürlich gab es während des Prozesses organisatorische Unregelmäßigkeiten, Konflikte und Missverständnisse. Auseinandersetzungen jedoch, um es einmal positiv zu formulieren, waren jedoch bereits vor der Fusion eine unserer Stärken!

Fusion ist neben unübersehbaren Verlusten und Einschränkungen eine Chance, neu und vermehrt auf den Auftrag einer Christengemeinde in einer zunehmend säkularisierten Stadt zu achten.

Fusion der Pfarrgemeinden St. Mauritz, Hl. Edith Stein, Herz Jesu & St. Elisabeth und St. Benedikt zur Pfarrgemeinde St. Mauritz in Münster im Jahr 2013

Statement von Martin Sinnhuber, Pfarrer in Münster

1. Skizzieren Sie kurz das Fusionsprojekt unter Berücksichtigung der Ursachen, Ziele und der beteiligten Akteure.

Das Fusionsprojekt sieht die Errichtung einer neuen Pfarrgemeinde St. Mauritz im Osten der Stadt Münster vor. Die bisher eigenständigen Gemeinden St. Mauritz, Hl. Edith Stein, Herz Jesu & St. Elisabeth sowie St. Benedikt bilden bis zum Jahr 2013 eine neue Gemeinde mit nur einem Seelsorgeteam, einem Kirchenvorstand und einem Pfarrgemeinderat. Zu diesem Gebilde gehören dann knapp 20 000 Katholiken, sechs Kirchengebäude mit entsprechenden Pfarrhäusern, Pfarrbüros und Pfarrheimen sowie sieben Kindergärten in katholischer Trägerschaft.

Theoretisch eingebettet ist das Fusionsprojekt in den großen Umstrukturierungsprozess der Diözese, welcher – angesichts zurückgehender Zahlen von Gläubigen, hauptamtlichen Seelsorgern und finanzieller Mittel – bereits im Jahr 2000 unter der Initiative des Bischofs Dr. Reinhard Lettmann eingeleitet wurde. Im Jahr 2005 Bestandteil des Pastoralplans der Stadt Münster, wurde der Plan 2009 durch Diözesanadministrator Weihbischof Dr. Franz-Josef Overbeck fortgeschrieben: Aus der bisher vorgesehenen Seelsorgeeinheit sollte eine Fusionsgemeinde werden.

Zentrale Leitfragen des Projekts waren dabei folgende:

- Wie können wir in Zukunft in einer immer mehr entchristlichten Stadt lebendige Kirche sein?

- Wie kann eine Grundversorgung in der Sakramentenspendung gewährleistet aber gleichzeitig auch neue missionarische Impulse gesetzt werden?

Beteiligte Akteure sind zunächst die hauptamtlichen Seelsorger, das sind zur Zeit vier Pfarrer, drei Kapläne, ein Diakon, zwei Pastoralreferenten und eine Pastoralreferentin. Diese legten nach und nach Zuständigkeiten für die einzelnen großen Bereiche der Pastoral unter sich fest.

Es wurde eine Steuerungsgruppe für den Fusionsprozess eingerichtet, der jeweils zwei Pfarrgemeinderatsmitglieder und ein Kirchenvorstandsmitglied der bisherigen vier Gemeinden sowie die vier Pfarrer und zwei Vertreter der Pastoralreferenten angehören. Diese Gruppe arbeitet im ausdrücklichem Auftrag der Gremien der bisherigen Gemeinden. Diese Steuerungsgruppe arbeitet in allen Fragen, die Kirchenvorstandsangelegenheiten betreffen (Personal, Immobilien, Finanzen), einem „Beirat Verwaltung" zu. Überdies wird der Fusionsprozess von einem Referenten der Fachstelle „Gemeindeentwicklung" des Generalvikariates begleitet und moderiert.

2. Welche Phasen waren im Hinblick auf Planung / Strategieentwicklung – Durchführung / Verhandlungen – Integration / Implementation charakterisierend für den Fusionsprozess?

Hinsichtlich der Themen Planung und Strategieentwicklung stehen wir noch ganz am Anfang. Das Team der Hauptamtlichen hat – unter der Leitfrage „Was hat mich dazu bewegt, mein Leben in den Dienst Gottes und der Kirche zu stellen?" – einen Klausurtag verbracht, an dem sich alle Beteiligten ausführlich ihre Berufungsgeschichten erzählt haben. Davon ausgehend wird nun zusammen mit der Steuerungsgruppe an einem Leitbild für die neue Gemeinde gearbeitet. Über die Durchführung oder die Verhandlungen können noch keine Angaben gemacht werden.

Im Hinblick auf die Frage nach der Integration bzw. der Implementation steht im Mittelpunkt, dass die einzelnen Gemeinden auf verschiedenen Ebenen im Prozess mitgenommen werden. Im Oktober 2010 gab es ein erstes Treffen aller Pfarrgemeinderäte und Kirchenvorstände mit einem externen Referenten. Es wurde sich darauf verständigt, in den bisherigen vier Gemeinden im Herbst 2010 jeweils Pfarrversammlungen abzuhalten, um den Prozess so transparent wie möglich zu halten. Darüber hinaus erstellt eine kleine Gruppe, die sich zur Öffentlichkeitsarbeit Gedanken macht, eine Mindmap im Internet, die sozusagen die „Alpha-Plattform" für alle Informationen des gesamten Prozesses darstellt. Somit werden die Inhalte allen Beteiligten regelmäßig zugänglich gemacht. (Auch in gedruckter Form, um auch diejenigen miteinzubeziehen, die keinen Internetzugang haben.)

3. Über welche positiven und negativen Erfahrungen können Sie berichten? Berücksichtigen Sie dabei personelle Widerstände sowie Promotoren und skizzieren Sie evtl. getroffene Maßnahmen, die diesbezüglich durchgeführt wurden.

Es gab gelungene gemeinsame Aktionen, die erst einmal möglichst breite Begegnungsfläche schaffen sollten. So zum Beispiel – unter dem Leitmotto „Drei in einem Boot"– eine gemeinsame Schifffahrt auf dem Kanal, der das verbindende Element der Gemeinden ist.

Bei der diesjährigen Fronleichnamsprozession stießen unterschiedliche liturgische „Traditionen" aufeinander. Das zu erleben weckte Ängste auf allen Seiten, ob das je eigene in Zukunft verloren gehen würde. Gleichzeitig wurde bewusst, dass es auch nicht damit getan ist, zu sagen: jeder macht seins weiter. Hier sind wir noch sehr auf der Suche, wo eigentlich solche „Problemfelder" adäquat besprochen werden können.

4. Wie bewerten Sie bis dato den Fusionsprozess? Welche Chancen und Handlungsfelder haben sich dadurch ergeben?

Insgesamt verläuft der Fusionsprozess in einer positiven Grundstimmung, die meines Erachtens sehr davon abhängt, wie die Hauptamtlichen miteinander umgehen. Viele Mitglieder der Steuerungsgruppe haben, nach anfänglichen Schwierigkeiten, die Bereitschaft, den neuen, großen Rahmen auszugestalten.

Fusion von Pfarrgemeinden in der Erzdiözese Berlin

Statement von Christopher Maaß, Referent für Gemeindeentwicklung
und Gemeindeberater im Erzbistum Berlin

1. Skizzieren Sie kurz das Fusionsprojekt unter Berücksichtigung der Ursachen, Ziele
und der beteiligten Akteure.

Ausgangslage

Die Veränderungen von Gesellschaft und Kirche werden heute vielfach als ein
dreifacher Mangel beschrieben: Mangel an Gläubigen, Mangel an Personal – für
das Erzbistum Berlin konkret der Mangel an Pfarrern – und Mangel an finanziellen
Ressourcen. Dabei stand in den vergangenen Jahren die Verschlechterung der ökonomischen Rahmenbedingungen sicherlich im Vordergrund. Zugleich veränderte sich
auch die Situation in den Pfarrgemeinden, spürbar im demographischen Wandel,
in der religiösen Sozialisation und der Bindungsbereitschaft der Menschen in den
Gemeinden.[1]

Schon Ende der 1990er Jahre führte der Blick auf die finanzielle und demographische Entwicklung und auf die Prognosen zur Entwicklung des pastoralen
Personals zu einem Nachdenken über notwendige pastorale Umstrukturierungen
im Erzbistum Berlin.

Bedingt durch die „finanzielle Schieflage" des Erzbistums, wurde ab November
2002 ein Sanierungsplan entwickelt: „Plan 2005". Neben weiteren Maßnahmen
zur finanziellen Konsolidierung erschien dem Erzbischof nach Beratungen in
den entsprechenden Steuerungsgremien und unter Hinzuziehung einer externen
Beraterfirma ab 2003 eine sehr schnelle und nachhaltige Neustrukturierung der
pastoralen Landkarte des Erzbistums notwendig und sinnvoll. Schon länger war
eine Reduzierung von 207 Pfarreien auf ca. 110 Pfarreien geplant; unter dem Druck
der schweren Finanzkrise musste eine Umsetzung der Umstrukturierung möglichst
schnell und möglichst umfassend erfolgen. 207 Pfarreien wurden auf 108 Pfarreien
fusioniert, ca. 20 Pfarreien blieben in den bisherigen Pfarreigrenzen bestehen. Im

---

1 Vgl. Sanieren – Konzentrieren – Profilieren. Plan 2009, 2. Pastorale Perspektiven. Veröffentlicht
   durch Rundschreiben des Erzbischöflichen Ordinariates Berlin – Dezernat II – Seelsorge vom
   13.1.2006.

„Leitfaden zur Neustrukturierung der Kirchengemeinden im Erzbistum Berlin"
schrieb Kardinal Sterzinsky:

> „Sie kennen Ihre Nachbargemeinden, mit denen Sie nun eine Gemeinde bil-
> den werden. Ich weiß, dass es manchmal Abneigung und Vorbehalte gegeben
> hat. In dem Zusammengehen überwiegen aber die Chancen, zukunftsfähig
> zu werden. […] Die Herausforderung besteht darin, unter den schwierigen
> Gegebenheiten die bestmöglichen Rahmenbedingungen zu schaffen für den
> Auftrag der Kirche im ganzen Erzbistum Berlin, nämlich die befreiende
> Botschaft Jesu Christi zu verkünden und den Menschen insbesondere den
> Benachteiligten, zu dienen. Wir wollen in Zukunft nicht nur einen Mangel
> verwalten, sondern einen Neuaufbruch mit Gottes Hilfe wagen."[2]

Damit ist zugleich der Auftrag und das Ziel beschrieben, wie es bis heute gilt: Eine
Erneuerung der Pastoral anzutreiben, zukunftsfähige Pfarreien zu bilden, eine Konzentration der Kräfte für eine effektive Pastoral zu erreichen und Kosten zu reduzieren.
In den pastoralen Leitlinien von 2003 hebt Erzbischof Sterzinsky hervor, dass die
Erneuerung der Pastoral einen Aufbruch zu neuen Formen meint, „die theologisch
durchdacht und vielleicht sogar geboten sind, den Zeitumständen entsprechen und
gegebenenfalls schon andernorts erprobt wurden."[3]

Im Jahr 2005 wurde deutlich, dass die Einsparungen durch die Umstrukturierungen im Erzbistum die erwartete Reduzierung bei den Kirchensteuereinnahmen
nicht würde abfangen können. Daher wurde ein zweiter Sanierungsprozess begonnen,
in dessen Rahmen auch (noch) einige wenige Fusionen vorgesehen waren, im Wesentlichen aber pastorale Räume oder Schwerpunktgemeinden ohne Aufgabe der
rechtlichen Selbstständigkeit der Pfarreien gebildet wurden.

Dieser neue Veränderungsprozess – ‚Plan 2009' – überschrieben mit „Konzentrieren – Profilieren – Sanieren", war als ein Prozess angelegt, in dem die Pfarreien
mit ihren Gremien Mitgestaltungsmöglichkeiten erhielten.

Aktuell ist das Erzbistum Berlin in 105 Pfarreien in 15 Dekanaten gegliedert,
weitere Maßnahmen zur Umstrukturierung stehen an. In beiden Sanierungspro-
zessen wurde die Notwendigkeit eines *pastoralen* Veränderungsprozesses skizziert,

---

2   Erzbischöfliches Ordinariat Berlin (Hg.): Leitfaden zur Neustrukturierung der Kirchengemeinden
    im Erzbistum Berlin [Leitfaden]. Berlin 2003, 4.

3   Sterzinsky, Georg: Pastorale Leitlinien. In: Seelsorgeamt des Erzbischöflichen Ordinariates
    Berlin (Hg.): Informationen für Mitarbeiterinnen und Mitarbeiter. Nr. 78 (1/2004) 4 [Seelsorgeamt].

bei vielen jedoch überlagerten die finanziellen und tiefgreifenden strukturellen Einschnitte die pastoralen Herausforderungen. Der finanzielle Druck und der damit verbundene Zeitdruck, die notwendigen Kündigungen und die mit den Fusionen verbundenen Widerstände, machten den Blick auf pastorale Perspektiventwicklung nahezu unmöglich. Veränderung wurde in diesem Zusammenhang nur selten als Chance gesehen.

Begleitende Maßnahmen zur Umstrukturierung

Der Ablauf einer Fusion wurde im „Leitfaden zur Neustrukturierung der Kirchengemeinden im Erzbistum Berlin" für die anstehenden Fusionen beschrieben.[4] Damit war sozusagen ein Fusionshandbuch zur Orientierung den Kirchengemeinden an die Hand gegeben. Dieser Leitfaden enthielt neben einer pastoralen Orientierung den Ablauf einer Fusion, das neue finanzielle Zuweisungssystem und das Vorgehen beim Abbau von Dienstverhältnissen im Zuge der Neustrukturierung.

Zur konkreten Begleitung der Umstrukturierungsprozesse wurde für jede Pfarrgemeinde ein „Gemeindebegleiter" benannt. Diese hatten die Funktion, die Kommunikation zwischen Ordinariat und Pfarrgemeinde zu erleichtern, die Fusion zu strukturieren und zu begleiten. Daneben blieb das Instrument der Gemeindeberatung für kirchliche Einrichtungen im Erzbistum Berlin bestehen, das von den Pfarrgemeinden für die Begleitung von Veränderungsprozessen genutzt werden konnte. Nach den ersten Fusionen wurde die Umstrukturierung durch einen Prozess der Neubesinnung begleitet, der eine pastorale Erneuerung aus der Mitte des Evangeliums und des Glaubens zum Ziel hatte, ohne die Schärfe der Finanzkrise mit den gravierenden Veränderungen und den damit einhergehenden Verunsicherungen überdecken zu wollen. Im Dezernat II – Seelsorge wurde dazu eine Projektgruppe gebildet. Mit den „Pastoralen Leitlinien" setzte der Erzbischof im Februar 2004 zudem einen pastoralen Orientierungsrahmen in Kraft.[5]

Aufgrund der strukturellen Veränderungen und den damit verbundenen schmerzlichen Einschnitten, sowie aufgrund des zweiten Sanierungsprozess im Jahr 2005 / 2006 konnten meines Erachtens aber weder die Leitlinien noch das Projekt der pastoralen Erneuerung ihre Kraft entfalten.

---

4   Leitfaden (wie Anm. 2).
5   Vgl. Sterzinsky, Pastorale Leitlinien (wie Anm. 3).

Mit dem zweiten Sanierungsprozess wurden zwei wesentliche begleitende Maßnahmen zur Verfügung gestellt:

> 1. Einerseits wurde wieder eine Gruppe von „Gemeindebegleitern" zur schnelleren Kommunikation installiert, die Gemeinden und Dekanaten bei der Gestaltung und Umsetzung der Veränderung zur Seite stehen sollten.
> 2. Andererseits hat der Erzbischof jeweils die Hauptamtlichen in der Pastoral eines jeden Dekanats zu einer Werkwoche mit dem Titel „Seelsorge unter veränderten Bedingungen" verpflichtet. In diesen Werkwochen sollte im Rahmen der vom Erzbischof für jedes Dekanat festgelegten Struktur des Plans 2009 die Formen der Zusammenarbeit entwickelt werden und die zukünftige Pastoral eine konkrete Gestalt erhalten.

2. Welche Phasen / Prozessschritte waren charakterisierend für den Fusionsprozess?
3. Über welche positiven und negativen Erfahrungen können Sie berichten?

Anfang 2003 wurden nach Beratungen in den verschiedenen Gremien verbindliche Orientierungen für das Zusammengehen mehrerer Gemeinden veröffentlicht.[6] Dabei wurden als Gründe für eine Fusion „die Konzentration der Kräfte für eine effektivere Pastoral, die Einsparung von Finanzen sowie die Entlastung des Pfarrers von der Teilnahme an den Gremiensitzungen mehrerer Pfarrgemeinden"[7] genannt. Eine sofortige Fusion sei geboten, wenn unter anderem

- die sonntägliche Eucharistiefeier auf absehbare Zeit nicht mehr regelmäßig aufrecht erhalten werden könne;

- die Weitergabe des Glaubens an die nachfolgende Generation nicht mehr möglich sei;

- die Gottesdienstgemeinde mit den Gemeindegremien identisch sei.

---

6   Vgl. PIETSCH, Martin: Kontinuität – Erneuerung. In: Seelsorgeamt (wie Anm. 3) 22; vgl. Amtsblatt des Erzbistums Berlin [Amtsblatt]. 75. Jg. (2/2003), Nr. 22, 15–17.
7   Amtsblatt (wie Anm. 6) 16.

Lediglich als Etappen auf dem Weg zu einer Fusion wird zwischen Pfarrverbund –
enge Kooperation mehrerer selbstständiger Pfarrgemeinden unter Leitung eines
Pfarrers- und Pfarrverband – pastorales Zusammengehen mehrerer Pfarrgemeinden
mit einem gemeinsamen Pfarrverbandsrat – differenziert.
Für die Fusionen in den Jahren 2003 und 2004 bildeten vor allem die finanzielle
Konsolidierung, aber auch die pastoralen Herausforderungen die Grundlage.

Im Regelfall erfolgte im Erzbistum Berlin die Fusion durch Integration der
kleineren in die größere Pfarrei, die größere Pfarrei tritt in die Rechtsnachfolge, die
kleinere wird aufgehoben. Namensgeber für die neue Pfarrei war in der Regel die
größere, ein anderslautender Vorschlag der Gremien der zu fusionierenden Pfarrgemeinden war möglich. Aber:

> „Die rechtliche Aufhebung der kleineren Kirchengemeinde bedeutet weder
> die Aufhebung des liturgischen bzw. pastoralen Ortes, noch den Verlust des
> jeweiligen Kirchenpatronates. Das impliziert, dass die Identität der aufgeho-
> benen Gemeinde in einer für die neue Gemeinde vertretbaren Weise erhalten
> bleiben soll."[8]

Für den Fusionsprozess bedeutet dieses neben der Klärung rechtlicher und finanz-
technischer Fragen die Bewältigung und Gestaltung eines pastoralen Veränderungsprozesses. Wie bei Fusionen in anderen Organisationsformen galt es danach
zu fragen, was für die neue Pfarrgemeinde identitätsstiftend sein kann, welche
wirklichen Synergieeffekte sich generieren lassen und wo Reibungsverluste liegen.
Meines Erachtens scheint es darüber hinaus wesentlich für das Gelingen der Fusion
zu sein, wie die zu fusionierenden Pfarrgemeinden lernen können, die verschiedenen
Identitäten wahrzunehmen und in einem Prozess des Gestaltwandels zu integrieren.[9]
In manchen Fusionsprozessen konnte der Veränderungsprozess aufgrund unter-
schiedlicher Kulturen oder aufgrund einer zu schnellen Konzentration der Pastoral
an einen Ort nur mühsam vollzogen werden. Die heute vorgenommene begriffliche
Differenzierung von Pfarrgemeinde als administrative Größe und Gemeinde oder
Gemeindeteil als pastoraler Ort wäre sehr entlastend gewesen. Die theologische
Dimension der Pfarrei soll damit nicht in Frage gestellt sein.

---

8 Leitfaden (wie Anm. 2) 12.
9 Vgl. DOPPLER, Klaus / LAUTERBURG, Christoph: Change Management. Frankfurt / New York
  2002, 367 ff.

Die Fusion von Pfarrgemeinden beinhaltet eine Fusion auf verschiedenen Ebenen: Gemeinde, Hauptamtliche und Gremien. Sie erfordert, wie bei jeder Fusion, ein durchdachtes Konzept der Kommunikation[10], mit der Besonderheit, dass der Großteil der am Prozess der Fusion Beteiligten ehrenamtlich tätig ist und diese sich, wie auch die Gemeindemitglieder, unterschiedlich emotional mit ihrer Pfarrgemeinde und damit „ihrem" Bild von Gemeinde und der Kultur gemeindlichen Lebens verbunden fühlen. Die Fusion von Pfarrgemeinden ist daher mehr als nur ein administrativer Akt.

Phase 1: Ankündigung der Fusion – Klarheit in der Entscheidung

Die klare Entscheidung über die Notwendigkeit einer Fusion sowie die direkte Mitteilung und Begründung, schaffen einen – für alle am Prozess Beteiligten – transparenten Ausgangsrahmen. Hilfreich erscheint es dabei, das handlungsleitende positive Zukunftsbild von den Entscheidungsträgern zu erfahren.

In der Begleitung von Pfarrgemeinden als Gemeindeberater, bei denen eine Fusion ohne eine klare Entscheidung nur in Aussicht gestellt wurde, war die Unsicherheit deutlich spürbar. Dadurch dass das Ziel zu unklar war, gelang die Entwicklung einer gemeinsamen Perspektive als fusionierte Pfarrgemeinde nur mit großer Mühe. Das Verharren in den bisher gewohnten Strukturen war stärker als ein bewusstes Aufbrechen in ein neues Land der Gemeindewirklichkeit.

Im ersten und zweiten Sanierungsplan war die Ausgangslage klar: Durch die Bistumsleitung war unter dem finanziellen Druck eine Entscheidung zu den Fusionen getroffen worden, der Zeitpunkt der Fusion war benannt und eine direkte Kommunikation mit den Betroffenen hergestellt. Die Vorstellung und Erläuterung der Entscheidung durch Vertreter der Bistumsleitung vor Ort eröffnete die Chance, in den anstehenden Veränderungsprozess einzuführen und im Hören der Reaktionen und der Sammlung zu klärender Fragen eine erste Form der Beteiligung zu ermöglichen. Die Benennung von „Gemeindebegleitern" und die Veröffentlichung des Leitfadens setzten einen Rahmen für die Kommunikation zwischen Erzbischöflichen Ordinariat und den zu fusionierenden Pfarrgemeinden.

Problematisch waren vor allem im ersten Sanierungsprozess der durch die finanzielle Konsolidierung bedingte Zeitdruck und der gravierende Abbau von hauptamtlichem Personal in den Pfarrgemeinden. Die damit verbundenen Be-

10 Vgl. DOPPLER / LAUTERBURG, Change Management (wie Anm. 9); vgl. WINKLER, Brigitte / DÖRR, Stefan: Fusionen überleben. München / Wien 2001, 40–60.

lastungen von Kirchenvorständen und Pfarrgemeinderäten ließen mancherorts die pastoralen Fragen in den Hintergrund geraten. Pastorale Zielsetzungen, Kommunikation und Beteiligung der Betroffenen scheinen für die Fusion von Gemeinden in der ersten Planungsphase eine besondere Bedeutung zu haben.

Ein Beispiel für gelungene Kommunikation

Ein meiner Einschätzung nach gelungenes Beispiel für die Beteiligung der Gremien im Fusionsprozess war die Fusion von zwei Stadtgemeinden in Berlin. Durch den Erzbischof war entschieden worden, dass St. M. mit einer der Nachbargemeinden fusionieren soll. Unter externer Moderation wurden Gespräche mit beiden Nachbarpfarreien geführt. Anwesend waren jeweils die Pfarrer und Vertreter aus Kirchenvorstand und Pfarrgemeinderat. Dieser Sondierungsprozess nahm die strukturellen Aspekte einer möglichen Fusion ebenso in den Blick, wie die unterschiedlichen Akzente in der Pastoral und die unterschiedlichen Kulturen im gemeindlichen Alltag – fokussiert in der Frage: Wer passt am besten zu uns? Diese Formen der Kommunikation und Beteiligung auf dem Weg zur Fusion ermöglichten eine neue Sichtweise auf den Zusammenschluss, gerade in den Gremien, die vorher einer Fusion ablehnend gegenüberstanden. Ein entscheidender Faktor für das Gelingen der Fusion war sicherlich die zur Verfügung stehende Zeit der Planung und Vorbereitung. Dem ist kritisch entgegenzuhalten, dass durch zu viel Zeit zwischen Ankündigung und Fusionstermin die Eigendynamik in Fusionsprozessen, die sich abbildet als ein Aufblühen der sich abgrenzenden „Wir-und-Die"-Mentalität[11] von Gruppen und Gemeindeteilen oder als ein Machtkampf um hauptamtliches Personal, die Fusion gefährden kann.

Phase 2: Vorbereitung der Fusion – Begegnung, Analyse und Beteiligung

Die Erfahrungen in den Veränderungsprozessen haben gezeigt, dass die Hauptamtlichen in der Pastoral grundsätzlich eine wesentliche Funktion für die Gestaltung der Fusion einnehmen. Je eindeutiger die Hauptamtlichen und die Gremien den Fusionsprozess beförderten, umso leichter geschah die Annäherung und umso besser ließen

---

11 Vgl. WINKLER/DÖRR, Fusionen überleben (wie Anm. 10) 265. Das „Wir-und die"-Syndrom lässt Fusionen scheitern, weil Mitarbeiter in ihrer alten Mentalität verhaftet bleiben.

sich Schritte und Veranstaltungsformen entwickeln, die den Gemeindemitgliedern Zugänge eröffneten, um die Fusion anzunehmen und zu gestalten. Dabei galt es zu vermitteln, dass mit der Fusion nicht „die größere die kleinere frisst", sondern dass es um einen Gestaltwandel in der Pastoral geht, bei dem zu klären und zu vereinbaren ist, was an pastoralem und liturgischem Handeln wo geschieht und was nur gemeinsam sinnvoll zu bewältigen oder zu feiern ist. Ein gängiges Instrument waren dabei die Pfarrversammlungen als Orte der Transparenz, der Kommunikation und Beteiligung. In einigen zu fusionierenden Pfarrgemeinden wurde eine Arbeitsgruppe mit den amtierenden Pfarrern und Vertretern aus Kirchenvorstand und Pfarrgemeinderat gebildet, welche die Fusion maßgeblich vorbereitete. Dieses Vorgehen war aber aufgrund des Zeitdrucks im ersten Sanierungsprozess nur in wenigen Fusionsprozessen möglich.

Im Leitfaden zur Neustrukturierung der Kirchengemeinden waren darüber hinaus Orientierungswochenenden für die Hauptamtlichen, die Gremien und weitere Verantwortliche im Ehrenamt vorgeschlagen worden.[12] Bei einigen Fusionsprozessen fanden solche Orientierungswochenenden in der Form von Werkstatttagen oder Klausurtagen zur Fusion statt. Diese Veranstaltungen erreichten eine Auseinandersetzung mit dem Thema Fusion und ermöglichten gleichzeitig ein notwendiges Kennenlernen der Gremienvertreter untereinander sowie der pastoralen Situation beider Pfarreien. Einige nutzten die Möglichkeit der externen Begleitung und Beratung durch die „Gemeindebegleiter" oder die Gemeindeberatung. Im Sinne einer Organisationsentwicklung stand bei den Pfarrgemeinden, die wir – als Gemeindeberater – begleitet haben, am Anfang die Analyse beider Pfarrgemeinden mit ihren Aktivitäten, ihren Stärken und Schwächen. Dabei war es relevant die unterschiedlichen Kulturen zu erleben und zu erfahren, wie die beiden Pfarrgemeinden „ticken".

Ein anderer Fokus richtete sich auf das Umfeld: auf die Menschen mit ihren Erwartungen an Kirche, die dort leben, auf die großen Einrichtungen, auf Trends und Entwicklungen.

„Jedem Integrationsprozess geht die Entwicklung einer Vision voraus. Für die Orientierung und Motivation sind vor allem neue Visionen und Ziele enorm wichtig, die im gemeinsamen Unternehmen erreicht werden sollen."[13]

---

12 Vgl. Leitfaden (wie Anm. 2) 8.
13 WINKLER / DÖRR, Fusionen überleben (wie Anm. 10) 190.

Was hier für die Fusion von Unternehmen beschrieben ist, gilt analog für die Fusion von Pfarrgemeinden. Vor der Entwicklung konkreter pastoraler Handlungsfelder und weitere Umsetzungsschritte erschien uns als Gemeindeberater eine Visionsarbeit notwendig, die ein konkretes Zukunftsbild für die neue Pfarrgemeinde entwirft und die gerade mit seinem kreativen Potential Motivationsgeber für die Arbeit des Zusammengehens sein kann. Auf einigen Klausurtagen, die wir begleitet haben, wurden weitergehende konkrete Verabredungen getroffen, zum Beispiel gegenseitige Einladungen zu Veranstaltungen, Vertretungen im jeweiligen Gremium der anderen Pfarrei, Kommunikation in Pfarrgemeinden, sowie Bildung von gemeinsamen Ausschüssen oder eines Projektteams zur Fusion. Damit war die neue Struktur in den Blick genommen und der Einstieg in den aktiven Gestaltungsprozess vollzogen.

Phase 3: Fusion und Implementierung – Zeichen und Rituale für den Neuanfang, Personalwechsel zum Zeitpunkt der Fusion

Die Regelung im Erzbistum Berlin sah folgendes Prozedere vor: Beide Pfarrer gehen, ein Neuer kommt; schon bei der Übertragung mehrerer Pfarrgemeinden an einen Pfarrer „sollte nach Möglichkeit zum Zeitpunkt der Amtsübernahme ein Personalwechsel erfolgen, um dem Verdacht vorzubeugen, dass der Pfarrer die hinzukommende[n] Gemeinde[n] nicht mit gleichem Engagement leitet."[14] Dieses gilt weitergeführt auch für die Fusionen. Diese Regel musste aber vor allem aufgrund der Vielzahl der Fusionen vernachlässigt werden. Das hat Fusionen an einigen Orten erschwert, zumal bereits die Einsetzung einer neuen Leitung ein klares Signal für den Neuanfang setzen kann.

Im zweiten Sanierungsplan gab es für die Hauptamtlichen in der Pastoral in einem Dekanat als ein weiteres Unterstützungsinstrument eine verpflichtende Werkwoche. Das Ziel dieser Werkwochen bestand in der Entwicklung von Handlungsschritten für eine „Seelsorge unter veränderten Bedingungen". Inhaltlich folgten die Werkwochen den Schritten Analyse –Vision – Konkretisierung für die Pastoral. Auch dort, wo nach der Fusion neue Teams in der Pastoral gebildet werden oder alte Teams mit einer jetzt fusionierten Pfarrei bestehen bleiben, legt sich eine Klausurtagung für die Teams der Hauptamtlichen in der Pastoral nahe.

14 Amtsblatt (wie Anm. 6) 15.

Gremien

Die Gremien blieben übergangsweise bis zu den nächsten Wahlen als ein großer gemeinsamer Pfarrgemeinderat und Kirchenvorstand bestehen, um Ungleichgewichte zu vermeiden. Die Größe der Gremien führte jedoch in einigen Pfarrgemeinden zu einer Belastung für die Arbeitsfähigkeit. In der ersten Pfarrgemeinderatswahl nach der Fusion sollten dann alle ehemals eigenständigen Gemeindeteile entsprechend ihrer Größe im Pfarrgemeinderat vertreten sein,[15] der Kirchenvorstand wurde mit der nächsten Wahl auf die vorgeschriebene Größe angepasst.

Rituale

Mit dem Fusionstermin zeitnah verbunden, erfolgte die Begrüßung der Fusion in einem offiziellen feierlichen Gottesdienst und meistens auch mit einem Festakt.

In einigen Pfarreien gab es einen bewussten Umzug von Dingen aus den Kirchen in die Nachbarkirche, oder auch ein Abholen oder Begegnen der Gemeinden auf der Pfarreigrenze. Die zeichenhaft verdeutlichte, bewusste Aufnahme der gemeinsamen Arbeit in den Gremien durch die Wahl von Pfarrgemeinderatsvorstand bzw. stellvertretendem Vorsitzenden im Kirchenvorstand markierten ebenso den Neuanfang.

4. Wie bewerten Sie bis dato den Fusionsprozess? Welche Chancen und Handlungsfelder haben sich dadurch ergeben?

In vielen Pfarrgemeinden blieb auch nach der Fusion das Ringen um die gemeinsame Zukunft bestehen. Die Schaffung von Orten und Zeiten positiver Identifikation mit der neuen Pfarrgemeinde, die Prüfung dessen, was besser zusammen oder getrennt weitergeführt wird, und manchmal ein bewusstes Ausbalancieren dessen, was wann und wo in der Pastoral geschieht, prägten diese Zeit nach der Fusion. In vielen Pfarrgemeinden galt es auch Trauerarbeit zu leisten.

---

15 Vgl. Der Erzbischof von Berlin, Satzung der Pfarrgemeinderäte im Erzbistum Berlin in der Fassung vom 01. Mai 2003, § 6,3; vgl. Kirchliches Vermögensverwaltungsgesetz im Erzbistum Berlin (KiVVG) vom 1. 1. 2007, § 31, vgl. Leitfaden (wie Anm. 2) 13–14.

Die Reflexion der Pastoral in den zu fusionierenden Pfarreien und die Entwicklung zukünftiger Perspektiven haben schon in der Vorbereitungsphase der Fusion Ängste und Widerstände verringert.

Wesentlich für diese Phase waren gemeinsame Planungstreffen und Begegnungsorte, wie z. B. ein erster Werkstatttag. Die gemeinsame Kommunikation über zukünftige Handlungsfelder eröffnete einen Blick nach Vorne. Folgeveranstaltungen in einigen Pfarrgemeinden zur Entwicklung einer Grundlage für die pastorale Arbeit der jetzt fusionierten Pfarrgemeinde beförderten den Fusionsprozess, in dem Klarheit für die gemeinsamen Pfarrgemeinde und anstehende Aufgaben geschaffen sowie eine erste Reflexion des Fusionsprozesses und ein Nachsteuern vorgenommen werden konnte. Im Rahmen eines Beratungsprozesses einer schwierigen fast zu scheiternden Fusion entwickelten die Gremien erst lange nach der Fusion miteinander ein Zukunftsbild der fusionierten Pfarrei. Damit war der notwendige gemeinsame Rahmen hergestellt, der die Herausbildung eines stabilen Gleichgewichtes ermöglichte, bei dem die (beiden) Gemeindeteile ihren Platz einnehmen konnten, ohne die Integration in das Ganze der Pfarrgemeinde zu missachten.

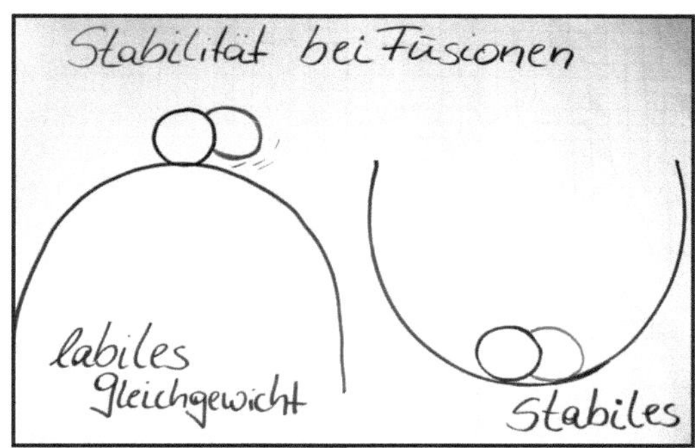

Flipchartbild „Gleichgewicht", entwickelt während meines Vortrags zum Symposium „Veränderung als Chance begreifen". Münster 2010.

Dieses Bild aus der Physik, eingebracht von einem Pfarrgemeinderatsmitglied in dem oben genannten Beratungsprozess, heißt übertragen auf die Fusion von Pfarrgemeinden: Dort wo in einem gemeinsamen, aber auch offenen Bezugsrahmen Fusion gestaltet wird, da wird nicht jede Bewegung nach rechts und links zur Gefahr, sondern da haben auch zwei Gemeindeteile in Einheit mit dem Ganzen Platz.

Eine abschließende Erkenntnis sei an dieser Stelle noch erwähnt: Es gibt keine Veränderung ohne Widerstand.

Fusionsvorhaben wirken eben immer auch als Ankündigung für einsetzende Veränderungsprozesse, ein Umstand, der positiv wie negativ erfahren wird, oftmals auch Verlustängste auslöst. – Etwa bei Gemeindefusionen, in Form von Angst vor Verlust der Identität und Beheimatung durch die Aufhebung „meiner Pfarrei" beziehungsweise von geliebten und vertrauten Gegebenheiten und Gewohnheiten. Auch die Angst vor dem Übernommen-Werden durch die große Nachbargemeinde ist ein wiederkehrendes Motiv.

Das Anhören der Anfragen an die Fusion, das Zulassen von Ungleichzeitigkeiten *bei* und Zeit *für* einen langsamen Prozess des Zusammenwachsens sowie die Beteiligung in der Entwicklung gemeinsamer Lösungen schufen Raum, um *mit* dem Widerstand zu gehen und nicht gegen ihn. Und das ist zugleich auch schon ein Stück Trauerarbeit, die mancherorts heute noch notwendig ist.

Gerade bei „Zweier"-Fusionen, wo Widerstände gegenüber einer „Übernahme" bestanden und vielleicht noch bestehen, könnte zukünftig die Lösung in der Vergrößerung des zu fusionierenden Systems liegen; wesentlich bleibt eine Auseinandersetzung um die Frage, wie die einzelnen Gemeinden bzw. Gemeindeteile in Einheit als Pfarrgemeinde und zugleich als pastoraler und liturgischer Ort lebendig sein können, um Kirche Jesu Christi für die Menschen ortsnah erlebbar und erfahrbar werden zu lassen.

Entlastend wirken kann während des manchmal mühsamen Fusionsprozesses das Wort aus Psalm 127, das zugleich an den Horizont erinnert, in den all unser Tun gestellt ist:

> „Wenn nicht der Herr das Haus baut,
> müht sich jeder umsonst,
> der daran baut."
> (Ps 127,1)

Soziologische Einordnung und Diskussion

Fusion als Problemlösung und Problem

Michael N. Ebertz

Einführung

Jeder der mir vorliegenden Texte geht von einer Problembeschreibung aus, die sich – abstrakt formuliert – letztlich darauf zurückführen lässt, dass sich „ein eingespieltes Verhältnis bzw. ein institutionalisierter Austausch zwischen zwei und mehr Systemen verändert" hat.[1] Zugleich werden Fusions- oder Unionsprozesse als Problemlösungen begründet, die allerdings das veränderte Verhältnis zwischen den Systemen – so meine These – *nicht* neu einzurichten vermögen. Beide Aspekte – Problembeschreibung wie Problemlösungen – sind höchst voraussetzungsvoll und sollen genauer in den Blick genommen werden, zumal jede Problemlösung Ergebnis einer Auswahl aus alternativen Problemlösungsmöglichkeiten darstellt und „in sich den Keim eines neuen Problems" trägt.[2]

Problembeschreibungen

Die mir empirisch nur in Textgestalt vorliegenden Problembeschreibungen und -lösungen beziehen sich auf die Situation sowohl von Ordensgemeinschaften in Deutschland und Österreich als auch von Pfarrgemeinden in Deutschland, also von zwei wichtigen, aber höchst unterschiedlichen kollektiven Sozialgebilden im Organisationskomplex des katholischen Christentums. Beides sind religiös spezifische Sozialgebilde (es geht nicht um einen katholischen Fußballverein), doch solche mit unterschiedlichen Zwecken und Graden von Zugehörigkeit, Verbindlichkeit, Gemeinschaftsleben und ökonomischer Autonomie. Abhängig davon werden die Problemlösungen in Gestalt von Fusionen als organisationale Entscheidungen vorgestellt, die über mehrere Jahre in mehr oder weniger abgrenzbaren Phasen als Prozess verliefen.
Damit es überhaupt zu Problemlösungen kommen kann, muss auch das zu lösende Problem generiert und als legitimes anerkannt werden. Nicht jedes Unbehagen ist

---

1 HONDRICH, Karl Otto: Menschliche Bedürfnisse und soziale Steuerung. Reinbek bei Hamburg 1975, 26.
2 Ebd.

schon als Problem anerkannt, das zu einer kollektiven Entscheidung und damit zu
einem Ressourceneinsatz und zur Problembearbeitung drängt.

Analytisch lassen sich drei unterschiedliche Phasen und zwei Arten von solchen
Problematisierungen unterscheiden: originäre und routinierte Problematisierungen.
Offensichtlich handelt es sich in den vorliegenden Fallbeispielen um originäre – im
kirchlichen Kontext jedenfalls so scheinbar noch nie dagewesene – Problematisierungen, was freilich nicht unbedingt von vornherein ‚originelle‘ Problemlösungen
garantiert.

In einer *ersten* Phase der Problematisierung, die in der ‚Problemsoziologie‘[3] als die
Phase der „ursprünglichen Problematisierung" bezeichnet wird, der sich zwei weitere Phasen anschließen können, wenn das Thema nicht versandet, kommt es in der
Regel zur Kommunikation der Wahrnehmung eines Unbehagens, das zugleich als
prinzipiell veränderbar eingeschätzt werden muss. Dass wir alle sterben müssen, mag
Unbehagen auslösen, taugt aber nicht zur Problematisierung bzw. Problemlösung, da
dieser anthropologische Tatbestand nicht abstellbar, gleichwohl gestaltbar ist. Dass
Kirchenmitglieder bzw. Ordensleute sterben, kann auch nicht problematisiert werden. Die tendenziell gleichgerichtete demographische Verschiebung in den Kirchen,
Ordensprovinzen und Klöstern allerdings, also die sinkende Zahl und das steigende
Durchschnittsalter der Ordensbrüder und -schwestern (wer thematisiert eigentlich
die Problematik bei den Ordensschwestern?), weil aus der gesellschaftlichen Umwelt
kaum junger Nachwuchs mehr zu rekrutieren ist. Ein ähnlicher Nachwuchsmangel
gilt für das klerikale Kernpersonal der katholischen Kirche, sofern sie für die kirchenrechtlich vorgesehene Leitung von Pfarr- und Eucharistiegemeinden[4] ausfallen.

Das ehedem eingespielte Verhältnis von Orden und Systemen ihrer Umwelt hat
sich verändert, von Orden und Familien, Orden und Kirche, Orden und Einzelpersonen als Bedürfnissystemen.[5] Ähnliches gilt für die Relation von Kirche und Familie[6],

---

3   Vgl. SIDLER, Nikolaus: Problemsoziologie. Eine Einführung. Freiburg / Br. 1999.

4   Vgl. LÜDECKE, Norbert: Feiern nach Kirchenrecht. In: Jahrbuch für Biblische Theologie 18
    (2003) 395–456.

5   Vgl. EBERTZ, Michael N.: Orden, Kirche und Gesellschaft. Eine Perspektive in der Fremde. In:
    Ordenskorrespondenz. Zeitschrift für Fragen des Ordenslebens 46, 4 (2005) 454–465.

6   Vgl. EBERTZ, Michael N.: „Heilige Familie" – ein Auslaufmodell? Religiöse Kompetenz der
    Familien in soziologischer Sicht. In: BIESINGER, Albert / BENDEL, Herbert (Hg.): Gottesbeziehung
    in der Familie. Familienkatechetische Orientierungen von der Kindertaufe bis ins Jugendalter.
    Ostfildern 2000, 16–43.

Kirche und Einzelpersonen.[7] Diese Verschiebungen äußern sich als mehrdimensionale Krisen und als Krisenkommunikation.[8] Solchen Ursachen gehen die mir vorliegenden Texte allerdings nicht auf den Grund, nehmen sie sogar fatalistisch hin („wie können wir in Zukunft in einer immer mehr entchristlichten Stadt lebendige Kirche sein?", fragt Martin Sinnhuber) oder sie registrieren nur ihre Folgen als Schrumpfresultate: „sinkende Anzahl der Ordensbrüder"(Goedereis), eine „schwierig[e] personell[e] Situation" (Brühl). Im Bericht über das Bistum Essen heißt es: „vor allem auch der Rückgang der Kinderzahlen und schließlich die Entscheidung vieler Menschen, aus der Kirche auszutreten, um keine Kirchensteuern mehr zahlen zu müssen, oder weil sie sich nicht mehr an die Kirche gebunden wissen, alles dies sind Faktoren, die zu der wirtschaftlichen Situation geführt haben, in der wir uns befinden" (Lücking). Auch Martin Sinnhuber geht für das Bistum Münster und seine neue Pfarrgemeinde St. Mauritz von „zurückgehende[n] Zahlen von Gläubigen, hauptamtlichen Seelsorgern und finanzielle[n] Mittel[n]"aus.

Deutlich dabei wird: In dieser *ersten* Phase wird auch der Problemtatbestand geschaffen, wobei in unserer Kultur drei fundamentale Interpretationsrahmen (,frames') bereit stehen: Das Handlungs-Schema, das Lage-Schema, das Interaktions-Schema.[9] Wenn ich es richtig sehe, wird bei den Problematisierungen in den mir vorliegenden Fallbeschreibungen implizit ein Lage-Schema zugrunde gelegt, also eine Auswahl vorgenommen. Das thematisierte Problem wird nicht als Folge von Abweichungen von Verhaltensstandards gerahmt (z. B. Abkehr der Orden von ihren Idealen; Abkehr der Kirche von ihrem Ursprung; Vertrauensverlust ins Personal oder die religiösen Institutionen; Verstoß von Kirchenmitgliedern gegen das Sonntagsgebot; Managementfehler), also nicht nach dem Handlungsschema; aber auch nicht nach dem Interaktions-Schema (z. B. Verlust der gesellschaftlichen Nützlichkeit oder Innovationspotentiale). Vielmehr wird eine Mangel-Lage beschrieben und dabei der Fokus auf eine defizitäre Ressourcenausstattung gelegt. Dabei wird eine weitere Verhältnisverschiebung deutlich: Die geringe Effizienz und Effektivität

---

7 EBERTZ, Michael N.: „Spiritualität". Soziologische Vermutungen zur Hochkonjunktur eines Begriffs im Christentum und darüber hinaus. In: Hirschberg 64 (2011), 664–675; Vgl. EBERTZ, Michael N.: Soziologische Zeitansagen als „Zeichen der Zeit" – für Theologie und Kirche. In: BÖTTIGHEIMER, Christoph / BRUCKMANN, Florian (Hg.): Glaubensverantwortung im Horizont der ,Zeichen der Zeit' (= Quaestiones disputatae, 248). Freiburg / Br. 2012, 183–201.

8 Vgl. EBERTZ, Michael N.: Vor der Aufgabe der Neugründung. Die Kirche in sich wechselseitig verstärkenden Krisen. In: Herder Korrespondenz – Spezial 2011, 2–6.

9 Vgl. SIDLER, Problemsoziologie (wie Anm. 3).

bei der Nutzung „personelle[r] Ressourcen" (Schimmel), die entstehende Unwucht im Verhältnis von Arbeitskraft und Leistungsumfang („ausreichendes Maß"), die Unmöglichkeit, „angesichts des Rückgangs an Gemeindemitgliedern und Kirchenbesuchern […] [,] die Gremien mit geeigneten Mitarbeiterinnen und Mitarbeitern zu besetzen und die Aufgabengebiete, die Grundvollzüge einer lebendigen Gemeinde zu gewährleisten"(Lücking).

Im Erfahrungsbericht über das Fusionsprojekt Recklinghausen heißt es: „Es gilt auch personell zusammenzurücken, da die finanziellen Mittel auf Dauer nicht reichen werden, um alle Gebäude, Einrichtungen und Personalstellen im bisherigen Umfang zu erhalten […] Auch die sinkenden Priesterzahlen lassen erwarten, dass nicht mehr alle Pfarrerstellen zukünftig besetzt werden können". Steffen Brühl, der auch von „personellen und finanziellen Synergien" berichtet, die durch eine Fusion erstrebt werden, schreibt für die Pallottiner: „Das Durchschnittsalter stieg auf 66 Jahre. Mit der personellen Situation entwickelte sich auch die wirtschaftliche Lage zunehmend kritischer. Hinzu traten die Problematiken kontinuierlich sinkender Mitgliederzahlen, die inadäquate Nutzung der mit viel Kapitaleinsatz zu unterhaltenden Immobilien sowie die generell rückläufige Einnahmesituation." Das „Maß" selbst wird zwar nicht offen gelegt, auch nicht als veränderbar oder kontingent thematisiert. Allerdings scheint die an diesem Maß gemessene derzeitige Mangel-Lage als kontingent gedacht zu werden, also auch anders vorstellbar zu sein. Dabei wird sie nicht nur als veränderbar, sondern zugleich – zumindest stillschweigend – als veränderungswürdig unterstellt.

Wer an dieser Phase der ursprünglichen Problematisierung und der Formulierung von Handlungsbedarf mit unterschiedlichen Interessen als ‚Definitoren' – als direkt oder indirekt ‚Betroffene', als ‚Experten' oder ‚Instrumentalisten', also als indirekte Nutznießer – beteiligt war (und wer nicht), geht nicht aus allen Texten eindeutig hervor. Im Falle der Ordensgemeinschaften waren diese Akteure offensichtlich z. B. „die Provinzleitungen", „die Hausoberen und Ökonomen", die als Betroffene „im Zuge der [jeweiligen] Provinzkapitel" (Goedereis) die Problematisierungen und Problemlösungen in eine bestimmte Richtung vorantrieben. Hinzu kam, wie auch im Falle der Pfarrgemeinden im Bistum Essen oder im Bistum Münster, der Einsatz von reflektierenden und steuernden Sondergremien („Beirat", „Kooperationsrat"; „Provinzrat"; „Koordinierungsausschüssen"; „Fusionsausschuss"), von Kommissionen und externer Prozessbegleitung, aber auch externer Beratung zur rechtlichen Expertise (vgl. Schimmel) und zur „Unternehmensanalyse", um „die wirtschaftlichen Potenziale in den Blick [zu nehmen]" (Goedereis) bzw. „die künftige wirtschaftliche und finanzielle Situation vorzubereiten" (Lücking). Bei den Pallottinern formierten sich ebenfalls „regelmäßig tagende Gremien", die sich aus Repräsentanten (Provinziale, Vizeprovinziale, Provinzökonomen) der beteiligten Provinzen zusammensetzten (vgl. Brühl).

Wenn ich richtig sehe, ist diese Phase der ursprünglichen Problematisierung im Falle der Ordensgemeinschaften relativ rasch in die *zweite und dritte analytisch unterscheidbare Phase* der Problemgenese überführt worden, nämlich in die Phase des „Werbens um die politischen Entscheidungsträger" und in diejenige der eigentlichen „politischen Problemdurchsetzung".[10] Im Falle von Fusionen, die das Ordensleben betreffen, wurden bereits früh Informations- und – mehr oder weniger ausgeprägte – Partizipationschancen für die „Mitbrüder" (Brühl) geschaffen, Befragungen „aller Brüder" (Schimmel) durchgeführt und für die „Brüder der beiden Ordensprovinzen" (Goedereis) oder der vier franziskanischen Provinzen (vgl. Schimmel) diverse Gelegenheiten arrangiert, um bei ihnen durch direkte Ansprache um Aufmerksamkeit für das ‚Problem' und ihre Zustimmung für eine bestimmte Problemlösung zu werben, sind sie es doch letztlich, welche die Anerkennung der Lage als Problem und die Akzeptanz der Selektion einer bestimmten Problemlösung – organisationspolitisch – zu entscheiden haben. Während diese Entscheidungen im Falle der Ordensgemeinschaften tendenziell ‚demokratisch' oder polyarchisch – in sogenannten Kapiteln – herbeigeführt oder zumindest mitbewirkt wurden, geschah dies im Falle der Pfarrgemeinden hierarchisch durch den Bischof und seine Verwaltungsbehörde: „Es war ja kein freiwilliger Zusammenschluss der Pfarreien zu einer Pfarrei" (Lücking). Allerdings mussten auch im Falle der Ordensgemeinschaften in den politischen Entscheidungsprozess die ‚Generäle' in Rom, ja sogar der Apostolische Stuhl (vgl. Brühl), einbezogen werden. Und auch in den zu fusionierenden Pfarrgemeinden wurden „Begegnungsfläche[n]" (Sinnhuber) für Gemeindemitglieder geschaffen, die zwar keine Entscheidungskompetenz besitzen, aber die Zustimmung oder Akzeptanz, letztlich die informelle Legitimation verweigern könnten.

Offensichtlich wurde die Richtung der Problemlösung auch durch Gratifikationen gestützt, jedenfalls für bestimmte Interessen- und Milieugruppen der Ordenskonvente. In einer durch Schrumpfvergreisung geprägten Lage vieler Konvente gehört zu diesen Gratifikationen die durch Fusion geschaffene Erweiterung des legitimen Fluktuations-, Mobilitäts- und Kontaktraums. So berichtet Thomas M. Schimmel, dass „sich sehr viele Brüder darauf eingelassen haben, in andere Regionen zu wechseln",

---

10   SIDLER, Problemsoziologie (wie Anm. 3).

und Christophorus Goedereis stellt „die [...] neu gewonnenen Mitbrüder mit ihren eigenen Lebensgeschichten und -erfahrungen als eine vitalisierende ‚Bereicherung‘ “ dar, „die sich in neuen Dynamiken im täglichen Zusammenleben zeigt“. Auch in den Fusionsgemeinden können möglicherweise einzelne Gewinner identifiziert werden. Es lässt sich aus solchen Tatbeständen aber auch schließen, dass es Gewinner und Verlierer der Fusionsprozesse gibt und somit das Risiko einer Spaltung innerhalb der Brüder der Orden und der Gemeindeengagierten entstehen kann, zumindest ein Anlass von Konflikten.

Problemlösung

Als Problemlösung wird *allein* die Fusion oder Union im Sinne einer ‚Zusammenlegung‘ ähnlicher Organisationsräume kommuniziert – dass Alternativen auf der Tagesordnung gestanden haben könnten, wird in den mir vorliegenden Texten nicht zum Thema gemacht. Immerhin kommen in einem Beitrag, der die Bezeichnung „Union“ statt „Fusion“ vorzieht (vgl. Brühl), differente Problemlösungsakzentuierungen zum Ausdruck, zumindest auf der semantischen Ebene.

Wären Problemlösungsalternativen denkbar gewesen wie im Fall von Schulen, von denen Betriebe erwarten, dass sie neue Menschen ausbilden, die über höheres technisches Wissen, größere Kommunikations- und Kooperationsfähigkeit, mehr Eigenverantwortung und weniger Autoritätsgläubigkeit verfügen? Wenn die Schule dem nicht gleich nachkommen kann, weil es an entsprechenden LehrerInnen, Ausbildungsplänen, Geld usw. mangelt, „wird das Verhältnis zwischen ökonomischem System (Betrieb) und Erziehungssystem (Schule) gespannt: Das Problem ist da. Folgende Problemlösungen sind denkbar:

1. Der alte Zustand wird wiederhergestellt. Folgeproblem: Stagnation statt Entwicklung;

2. Funktionale Anpassung der Schule, die ihre Ausbildungspläne auf die Anforderungen der Betriebe einstellt, liegt vor. Folgeproblem: Wie lassen sich weitere Erziehungsziele realisieren, die über die ökonomischen Interessen hinausweisen?

3. Die Schule passt sich strukturell an, indem das Autoritätsverhältnis Lehrer-Eltern-Schüler gelockert wird. Folgeproblem: Wie werden Lehrer und Eltern mit dem Autoritätsverlust fertig?

4. Die Schule verweigert jede Anpassung an das Betriebssystem und lehnt es ab, ihm derartig ausgebildete Personen zu liefern. Folgeproblem: Entweder die Betriebe oder die Schule können nicht mehr weiterarbeiten, weil ihnen die (personalen oder finanziellen) Mittel von der anderen Seite entzogen werden, und das Gesamtsystem der gesellschaftlichen Arbeitsteilung bricht zusammen.

5. In dieser Situation wäre es wahrscheinlich, dass die Betriebe ein eigenes Ausbildungssystem verstärken: Schulsystem und Produktionssystem fusionieren organisatorisch zugunsten des letzteren. Folgeproblem: Die Schule kann keine eigenen emanzipatorischen Interessen mehr außerhalb des ökonomischen Systems vertreten".[11]

Was wären im Falle von Kirche bzw. der Pfarrgemeinden oder der Orden alternative Problemlösungen zur Fusion gewesen? Schließt man einmal die Wiederherstellung des alten Zustands (1) aus: Wie hätte z. B. eine (2) funktionale Anpassung (Kirche, Pfarrgemeinden und Orden wandeln sich, indem sie ihren Sinn verändern und ihre Programme auf die Erwartungen und Anforderungen der gesellschaftlichen Umwelt einstellen) aussehen können? Wäre es nicht etwa im Fall von Orden eine Herausforderung gewesen, neu über ihren Sinn in Kirche und Gesellschaft nach-zudenken, ihn neu zu definieren und darüber attraktiver zu werden? Wie könnte eine (3) strukturelle Anpassung (Kirche, Pfarrgemeinden und Orden wandeln sich, indem sie ihre internen Relationen ändern) aussehen? Wäre es nicht etwa im Fall von Orden eine Herausforderung gewesen, zwischen den Polen von ‚Théleme' und den klassischen Ordensregeln[12] neue Strukturen und Lebensformen zu generieren, um darüber attraktiver zu werden? Fehlt es der Kirche, ihren Pfarrgemeinden und Orden nicht überhaupt an einer ähnlich klaren funktionalen Ausdifferenzierung und Relationierung zu anderen Systemen ihrer Umwelt, wie sie in dem Beispiel des Betrieb-Schule-Verhältnisses zum Ausdruck kommen?

---

11 HONDRICH, Menschliche Bedürfnisse (wie Anm. 1) 26 f.
12 Vgl. AGAMBEN, Giorgio: Höchste Armut. Ordensregeln und Lebensform. Frankfurt / Main 2012, 19.

Dass im Prozess der Problemdefinition und Problemlösung „grundsätzlich zu wenig Zeit für inhaltliche und spirituelle Themen" blieb, „die gerade für die Existenz und das Zusammenleben der Brüder sehr bedeutsam sind" (Goedereis), bestätigt, dass alternativen Problemdefinitionen und funktionalen wie strukturellen Alternativproblemlösungen kaum Raum gegeben wurde. „[Ü]ber geistliche Erneuerung" sei „viel gesprochen und diskutiert [worden]. Leider sind [...] keine klaren Ergebnisse festgehalten und Konsequenzen vereinbart worden" (Goedereis). Auch im Bericht über die Fusion der Pallottiner wird als „Mangel" beklagt, „dass der Unionsprozess den Fokus (zu) sehr auf den verwaltungsmäßigen und finanziellen Aspekt und zu wenig auf die inhaltlich, theologisch-spirituelle Perspektive gelegt hat" (Brühl).

Die Fusion als Problemlösung im oben genannten Betrieb-Schule-Beispiel vollzieht sich zwischen zwei *funktional* differenzierten Teilsystemen (Betrieb und Schule) und kann deshalb als ‚funktionale Fusion' bezeichnet werden. Dagegen handelt es sich im Falle der in den vorliegenden Texten thematisierten ordens- und pfarrgemeindebezogenen Fusionen um ‚segmentäre Fusionen', geht es doch nicht darum, kirchliche Sozialgebilde mit wissenschaftlichen oder politischen Sozialgebilden zu verschmelzen, auch nicht kirchliche mit kirchlichen (also Orden mit Pfarrgemeinden oder Jesuiten mit Pallottinern oder Kapuziner mit dem Caritasverband), sondern funktional ähnliche, aber geographisch differenzierte kirchliche Sozialgebilde.

Offensichtlich wird, und am deutlichsten wird dies im Beitrag von Steffen Brühl, dass es sich bei den vorgestellten Fusionsprozessen schwerpunktmäßig um rechtlich-administrative, wirtschaftlich motivierte Vorgänge handelt. Klar wird auch, dass diese Fusionsprozesse die hinter der Krise von Kirche und Ordensgemeinden liegenden System-Umwelt-Verschiebungen nicht wirklich lösen können – und wollen? Hat somit segmentäre Fusion nicht eine Ähnlichkeit mit der Lösungsoption 1, also der Wiederherstellung des alten Zustands?

Neue Probleme

Wie jede Änderung muss auch die segmentäre Fusionierung mit Folgeproblemen rechnen, zumal damit „immer auch ein Wandel des Verhältnisses zwischen sozialen und personalen Systemen" verbunden ist und damit „neue personale Probleme" geschaffen werden.[13] Auffällig ist, dass in den vorliegenden Texten insbesondere solche personalen Folgeprobleme Erwähnung finden, während die sozialen Folgeprobleme unterbelichtet bleiben. Deutlich geworden sei, schreibt Christophorus Goedereis, „dass es die Menschen sind, die die wesentliche Rolle bei derartigen Prozessen spielen". Solche personalen Folgeprobleme können bereits im Vorfeld der Problemlösungsentscheidung, aber auch bei ihrer Umsetzung artikuliert werden. Folgt man mit Hondrich[14] der Maslowschen Bedürfnispyramide, sind es weniger die physiologischen Bedürfnisse oder die Sicherheitsbedürfnisse im Sinne des Bedürfnisses nach Schutz vor Gefahren, die hervorgehoben werden, sondern

1. das Gewissheitsbedürfnis „nach einer vorsehbaren, geordneten Welt"[15], nach dem, was oft auch ‚Heimat' genannt wird;

2. das Bedürfnis nach Zugehörigkeit und Liebe und

3. das Bedürfnis nach Achtung durch andere.

Zu 1) Die Gefährdungen der Befriedigung des Bedürfnisse nach Gewissheit, in einer vorhersehbaren Welt zu leben, kommen etwa in der Skepsis gegenüber einem Zusammenprall „unterschiedliche[r] Mentalitäten und ‚Provinzkulturen'" (Goedereis) zum Ausdruck. Die Abstimmung neuer Zeitstrukturen, die etwa in zu Pfarrgemeinden fusionierten Gemeinden nötig werden kann (vgl. Lücking), greift in die gewohnten Ordnungen ebenso ein wie sachliche, soziale und räumliche Veränderungen. Ehedem unterschiedliche Verwaltungs- und Buchhaltungssysteme (vgl. auch Lücking) und unterschiedliche Ordnungssysteme müssen vereinheitlicht, d. h. in ein neues Normensystem übersetzt werden, Mythen über unterschiedliche Provinzstrukturen (zentralistisch vs. dezentral) bearbeitet werden (vgl. Brühl). Deshalb tauchen regelmäßig „Fragen auf, die in den ehemaligen Einheiten je unterschiedlich beantwortet worden wären" (Brühl). Deshalb kommt es zu Unzufriedenheiten und auch „Widerständen" (Brühl), zumal viele Mitbrüder im fortgeschrittenen Alter sind und kaum mehr umzulernen vermögen. Brühl nennt die klassischen Verweigerungshaltungen in Entwicklungsprozessen: „Nicht wissen", „Nicht wollen" „Nicht können". Hohe Personalfluktuationen lassen ebenfalls keine Stabilität in den Sozialkontakten

13 HONDRICH, Menschliche Bedürfnisse (wie Anm. 1) 27.
14 Ebd., 29 ff.
15 Ebd., 30.

aufkommen (vgl. Lücking). Gefordert waren und sind deshalb auch „Überzeugungsarbeit" (Lücking) und andere Maßnahmen der „Bewusstseinsbildung bei den Mitarbeitern" (Brühl), sofern auch sie bislang in kleineren Einheiten dachten und handelten und im Blick auf ihre synthetischen Raumbilder[16] umlernen mussten. Segmentäre Fusionen lassen aber größere und umfassendere relationale Räume entstehen, neue Anordnungen von Gütern, Menschen (Personal) und Handlungen: „Wo soll der zukünftige Sitz der Provinz sein? […] Wo sollten welche Provinzeinrichtungen angesiedelt werden? […] Welche Niederlassungen und Werke müssen wahrscheinlich aufgegeben werden?" (Brühl). Nicht zuletzt die Umwidmung und der Abriss von Kirchenräumen (vgl. Lücking) und erst recht die Schließung von Niederlassungen rufen Widerstand hervor, macht sie doch Entheimatung unmittelbar erlebbar. Was hier so abstrakt zum Thema gemacht wird, ist, fremdheitssoziologisch gesehen, höchst bedeutungsvoll. Fusionen sind Zusammenlegungen und Bedingungen der Annäherung von einander Fremden bzw. von Personen als Repräsentanten unterschiedlicher Zivilisationsmuster, unterschiedlicher Formen der Praxis und des „Denkens-wie-üblich", so dass es verständlich wird, wenn es heißt, dass ‚Fremdheit abzubauen' (vgl. Schimmel) ist. Wenn Fremde (wechselseitig) aufeinandertreffen, „wird das Denken-wie-üblich unwirksam" und es entsteht „eine ‚Krisis', die […] den Fluss der Gewohnheiten unterbricht und die Bedingungen sowohl des Bewusstseins wie auch der Praxis ändert".[17] Die bisher selbstverständlichen Auslegungs- und Anleitungsschemata werden relativ und stiften nicht mehr die fraglose Orientierung, die sie vorher leisteten. Alfred Schütz schreibt:

> „Die Kultur- und Zivilisationsmuster der Gruppe, welcher sich der Fremde nähert, sind für ihn kein Schutz, sondern ein Feld des Abenteuers, keine Selbstverständlichkeit, sondern ein fragwürdiges Untersuchungsthema, kein Mittel um problematische Situationen zu analysieren, sondern eine problematische Situation selbst und eine, die hart zu meistern ist".[18]

Und auch persönliches Vertrauen, aber auch Vertrauen in die neuen Arbeits- und Organisationsprozesse muss aufgebaut werden.[19]

---

16 Vgl. Löw, Martina: Raumsoziologie. Frankfurt / Main 2001, 158 ff.
17 Schütz, Alfred: Der Fremde. In: Ders.: Gesammelte Aufsätze. Band II. Den Haag 1972, 53–69, 59.
18 Schütz, Der Fremde (wie Anm. 17) 67.
19 Vgl. Endress, Martin: Vertrauen. Bielefeld 2002.

Zu 2) Wenn im Bericht über den Fusionsprozess von Gemeinden in Recklinghausen darauf hingewiesen wird, dass sich „[d]as individuelle und ehrenamtliche Engagement für ‚meine‘ Gemeinde […] in einer größer und anonymer werdenden Gemeinde nicht verflüchtigen [dürfe]“, wird direkt die Gefährdung des Zugehörigkeitsbedürfnisses angesprochen. Es kommt auch in der Verweigerung des Zusammenschlusses von Kirchenchören (Lücking) oder von Pfarrnachrichten (Lücking) oder darin zum Ausdruck, dass in Recklinghausen bislang noch auf die Fusion bestimmter gemeindlicher Kreise verzichtet wurde und – anders als in Duisburg – „ein lebendiges Gemeindeleben rund um die Kirchtürme“ angezielt bleiben soll. Die Einrichtung von „Kirchturmausschüssen“ soll dieses Zugehörigkeitsbedürfnis sogar aktiv befriedigen. Es gilt, die fusionierenden sozialen Einheiten auch als Bereiche der intersubjektiven Anerkennung zu sehen, die durch den Wechsel und die Ergänzung der Interaktionspartner gefährdet erscheinen kann. Gerade die Konvente der Ordensgemeinschaften, deren Zusammensetzung durch Fusionen neu gemischt werden kann, können – vielleicht ähnlich wie Familien – als primäre Sphären der Anerkennung fungieren und haben – jenseits der Anerkennungssphäre des Rechts und der Arbeitsbeziehung – eine wichtige Bedeutung durch ihren „Charakter affektiver Zustimmung und Ermutigung“.[20] Diese Sphäre der Anerkennung kann auch „nicht beliebig auf eine größere Zahl von Interaktionspartnern übertragen“[21] oder durch wechselnde Interaktionspartner gesichert werden. Durch Fusionsprozesse kann diese Quelle von „Gefühlen besonderer Wertschätzung“[22] versiegen oder dadurch als gefährdet erlebt werden. Für viele Ordensmitglieder, die ihre Konvente weniger familien-, denn organisationsähnlich erleben, erst recht aber für die hauptamtlichen Mitarbeiter und Mitarbeiterinnen der Ordensgemeinschaften und die ehrenamtlich Gemeindeengagierten lauert hinter Fusionsprozessen aber auch noch das Risiko, Anerkennung dadurch zu verlieren, dass ihnen eine Quelle von Ansehen oder Prestige oder von Selbstverwirklichung und Solidarität austrocknet, indem ihnen die Gelegenheiten genommen werden, „sich in seinen eigenen Leistungen und Fähigkeiten als wertvoll“ zu erfahren.[23]

<hr>

20 Honneth, Axel: Kampf um Anerkennung. Zur moralischen Grammatik sozialer Konflikte, Frankfurt / Main 1994, 153.
21 Ebd., 174.
22 Ebd., 154.
23 Ebd., 196 ff.

Zu 3) Die Bedürfnisse nach Achtung kommen in den vorliegenden Texten etwa darin zum Ausdruck, wenn von der „Angst einer ‚feindlichen Übernahme'" (Goedereis) oder von der „Angst vor Vereinnahmung durch die größeren" (Quante) berichtet wird, die auch durch unterschiedliche personelle und ökonomische Machtgewichte (vgl. Schimmel) begründet sein kann. Martin Sinnhuber berichtet im Kontext einer Gemeindefusion von „Ängste[n] auf allen Seiten, ob das je eigene in Zukunft verloren gehen würde". Bei den Pallottinern wird der Ausdruck „Union" nicht zuletzt deshalb vorgezogen, „da dieser Begriff das gleichwertige Zusammengehen besser hervorhebt, als der sonst übliche Begriff ‚Fusion', der zu sehr das Aufgehen der einzelnen Einheiten in den Vordergrund stellt" (Brühl). Dass „die Union noch nicht im Herzen eines jeden Mitbruders angekommen" ist (Brühl), könnte ebenfalls auf mangelnder Resonanz für das Achtungsbedürfnis beruhen, als Gefährdung der Selbstachtung, aber auch als Verletzung oder Gefährdung der Befriedigung der Bedürfnisse nach Zugehörigkeit und Liebe oder der oben skizzierten Gewissheitsbedürfnisse. Auch Maßnahmen der Personalversetzung (wie in Recklinghausen) und des Personalabbaus (vgl. Lücking), von Statusverschiebungen („Pfarrer wurden Pastöre [...] [,] „manche fühlten sich zunächst degradiert", so Lücking) oder die Zumutung des Zusammenschlusses von Kirchenchören, der verweigert wurde (vgl. Lücking), können das Achtungsbedürfnis massiv verletzen. Wenn Bernhard Lücking schreibt, dass es in seiner neu fusionierten Pfarrgemeinde „bedauerlicherweise nicht gelungen [ist], gemeinsame Pfarrnachrichten herauszugeben. Die Gemeinden beharren auf ihren eigenen Gemeindeinformationen", dann ist auch dieses ‚Nein' als eine der wenigen Möglichkeiten interpretierbar, die Selbstachtung der eigenen Identität samt „Identitätsausrüstung" (Erving Goffman) – und ein Pfarrblatt kann über seine bloß kommunikationstechnische Funktion hinaus zum Ensemble kollektiver Identitätsausrüstungen zählen – zu behaupten, zumal es in der Verweigerung sowohl eines gemeinsamen Kirchenchores als auch von Pfarrnachrichten auch um ästhetische bzw. Milieudifferenzen gehen kann.

Schluss

Wenn ich recht sehe, sind die beschriebenen segmentären Fusionsmaßnahmen reaktive Strategien, keine offensiven Strategien, die auf Umweltveränderung zielen oder auf eine funktionale oder strukturelle Anpassung. Die mit ihnen verbundenen Problematisierungsmuster basieren auf einem Lage-Schema. Eine Problematisierung nach dem Handlungs- oder nach dem Interaktionsschema hätte möglicherweise alternative Problemlösungen stimulieren können. So ist zu vermuten, dass Lösungen nach dem Muster segmentärer Fusion nur Zwischenlösungen darstellen, die zwar die jetzigen Generationen von Verantwortungsträgern zu trösten vermögen, aber die nachwachsenden Generationen herausfordern werden, sich den wirklichen Veränderungen zwischen der Kirche bzw. den Orden und ihren Umweltsystemen zu stellen, wenn sie nicht den Kollaps in Kauf nehmen wollen.

Über die Herausgeber und die Autoren

Das **Institut für Kirche, Management und Spiritualität (IKMS)** wurde 2006 als ein Institut der Philosophisch-Theologischen Hochschule (Ordenshochschule der Kapuziner) Münster gegründet. Der inhaltliche Schwerpunkt des IKMS liegt in der Verbindung von christlicher Spiritualität mit modernem Management und deren Umsetzung in die berufliche Praxis.

Der gemeinnützige **Verein Franziskanische Forschung** ist eine Initiative der franziskanischen Orden im deutschsprachigen Raum. Er wurde 2007 mit dem Ziel gegründet, die historisch gewachsene Forschungs- und Wissenschaftstradition der franziskanischen Gemeinschaften zeitgemäß fortzuführen und den Dialog mit den Wissenschaften zu fördern.

P. Christophorus Goedereis OFMCap ist Provinzialminister der Deutschen Kapuzinerprovinz.

Dr. Thomas M. Schimmel ist Geschäftsführer von 1219. Deutsche Stiftung für interreligiösen und interkulturellen Dialog e. V. in Berlin und ehemaliger geschäftsführender Sekretär des Kooperationsrates der Deutschen Franziskaner.

P. Steffen Brühl SAC ist Provinzökonom der Herz-Jesu-Provinz der Pallotiner, Friedberg.

P. Dr. Thomas Eggensperger OP, M.A. ist Geschäftsführender Direktor des Instituts M.-Dominique Chenu (IMDC) in Berlin und Professor für Sozialwissenschaften an der Philosophisch-Theologischen Hochschule in Münster.

Bernhard Lücking ist Pfarrer der Pfarrei Liebfrauen in Duisburg, Stadtdechant in Duisburg und Domkapitular an der Hohen Domkirche zu Essen (nicht residierend).

Jürgen Quante ist Propst von St. Peter in Recklinghausen und Kreisdechant für Recklinghausen.

Martin Sinnhuber ist Pfarrer der Katholischen Kirchengemeinde St. Benedikt Münster (ab 2013 der Katholischen Kirchengemeinde St. Mauritz Münster) und Mitglied der Gemeinschaft Emmanuel.

Dipl.-Theol. Christopher Maaß ist Referent im Bereich Gemeindeentwicklung und Gemeindeberatung des Erzbistums Berlin.

Dr. Dr. Michael N. Ebertz ist Professor für Sozialpolitik, Freie Wohlfahrtspflege und kirchliche Sozialarbeit sowie Prorektor an der Katholischen Hochschule Freiburg.